ANNA論
Contents

Keep positive mind

ポジティブな考え方

Chapter 01

Chapter 01 // Keep positive mind

Be myself. Be happy.

私らしい発想で、HAPPYになる

2006年夏。私は芸人のレイザーラモンHGと結婚しました。そのときの主人は、テレビで観ない日はないと言われるほどの大ブレイク中で、「フォー!」が流行語大賞にノミネートされたり、武道館で行われるプロレスの大会では、メインレスラーとして出場したり。ヘリで移動しなくてはならない日もあったほどの多忙な時期に、結婚をしました。

そのときの私は「売れないアイドル」。知名度皆無、Z級アイドルでした。

私は結婚と同時に芸能界を引退。仕事への未練はまったくありませんでした。

〝売れないアイドル〟というのはなかなか過酷なもので、常に人と比べられて悔しい思いばかり。むしろ引退する理由を探していたのかもしれません。

新婚時代は、大きな声では言えませんが、完全なぐーたら主婦でした。主人が仕事に行っている間、料理は頑張って作りましたが、それ以外はソファに寝ころび、テレビを見ながらお菓子を食べて、ダラダラ過ごす……という毎日。

じつはこれ、夢だったのです。ひたすらぐーたらする暮らし。ある意味、私の夢はこのときに叶ってしまいました。弱冠22歳にして。

2008年に息子を出産し、そのまま夢の暮らしが続くと思っていました。

ところが、主人がプロレスの試合中に大怪我をしてしまい、大手術をして8カ月の休業。仕事はなくなり、いきなり月収7000円に……。お金に無頓着な私も、さすがに焦りました。子どものおむつを買うのにもちょっとためらう自分がいて、預金通帳をぼんやりとながめる日々……。

よし！　私が働こう。

ずっと、養ってもらっていた。次は私の番だ。働けるほうが働く。これが、我が家流。

でも、芸能界に復帰するのは無理です。もともと芽が出なくて引退したわけですし。
かといって、会社勤めも1歳の子どもがいるから難しい。
主婦目線で、何か物をつくって売れないかな……。

とにかく手当たり次第、頭の中にあるアイデアをたくさんの人に伝えました。打ち合わせやプレゼンというレベルではなく、友だちとランチの延長という感じです。「こんなこと、やりたい」「こういうものがあったら売れると思う」と。

自信などひとかけらもありませんでしたが、とにかく必死だったので、手当たり次第といった感じでした。

ありがたいことに、真剣に話を伝えたら、応援してくれる人もいて、人を紹介してくれたり。そんな中、少しずつことが動きだし、初めて私のアイデアが商品化されることとなったのです。

それが、野菜を使った固形石けんです。

当時、子どもと一緒に使える固形石けんを愛用していました。でも、おしゃれな石けんは売っておらず、昔ながらの白いものばかり。どのメーカーも、香りはほぼ同じといった感じでした。入院中、主人の身体をホットタオルで拭くとき、アロマオイルで香りをつけていました。そうすると、とても喜んでくれていたので、そこにヒントを得て、ナチュラルなアロマオイルで香りづけした固形石けんを発売するのはどうだろうと考えたのです。男女問わず、大人も子どもも全身に使える固形石けん。さらに、口に入っても安全な素材で作りたいと考え、野菜を主成分にしました。

成分のレシピは完ぺき！　でも、自分の肌で使用感を試したかったので、サンプルができる度に使ってみては、改良を重ね、やっと納得のいくものを完成することが出来ました。

商品が完成したところで、次は商品のパッケージです。

パッケージのイラストは、主人に描いてもらおうと、最初から決めていました。主人は絵が上手なのを知ってたので、病院へパソコンを持っていき「お仕事でーーす！」といってパッケージのイラストを描いてもらいました。「仕事がぜんぶなくなったとき、唯一仕事をくれたのが奥さんだった」と、今でこそ主人は笑って言いますが、当時の主人は、家族は男が養うもの、という昔気質の考えの持ち主。顔にはだしませんでしたが、辛かったと思います。でも、私は、私だけではなく、夫婦ふたりで作った商品だと思いたかった。

そして、野菜の石けんが誕生しました。ブログで発信したら、発売初日に6千個を完売。私にとって、初めての実績を作ることができたのです。

やりたいことを、とにかく声に出して言う。

とりあえず言葉に出す。「やりたい」と人に言う。言霊《ことだま》ではないですが、どんどん言いまくりました。一度否定されたとしてもめげずに、次に会った人にも言ってみる。絶対にムリだろうと思われても気にせず、恥を捨てて、やりたいことを伝えました。次、次、とにかく数多く。

人からどう思われるか、と気にして行動にブレーキをかけてしまうことがあります。でも、人は自分のことでいっぱいいっぱいなので、意外と他人のことなど気にしていません。自意識過剰なだけなんです。だから、恥ずかしい、なんていう気持ちはすぐに捨てたほうがいい。

以前の私は、仕事でも人間関係でも、相手の顔色をうかがってばかりでした。こう言ったら、ひかれてしまうかな？　などと考えてばかり。言いたいことを我慢するようになり、本当の自分を隠して生きていました。でも、そういう自分とは、お別れしよう！　とこのとき思ったのです。待っているだけで、やりたい仕事が舞いこむことなんて絶対にあり得ません。芸能界にいて、それを痛いほど学びました。

タレントは芸能事務所が取ってきてくれた仕事をする、受け身の立場です。売れている人は別ですが……。だからこのときは、やりたいことを自分から言うしかない、と切り替えたのです。まずは、自分から何かアクションを起こさなくては！

とにかく自分で実績をつくらなくては、と強く思いました。

世の中は、名前やバックボーンで動く部分もあります。無名で実績のない私が何を言っても、誰も信じてくれません。だったらまず、信じてもらえる人になろう。そういう自分をつくるところから始めよう、と考えました。

ひとつでも実績があれば、次からぐっと楽になります。私の言うことを信じてくれる人が必ず増えるはず。

とりあえず手当たり次第、動いてみる。

一般的には、ひとつのことを一生懸命やり続けることを、よしとする風潮があります。でも、私にはそのような考えは一切ありません。あれもこれも同時進行で試しました。そして、ダメだ、と思ったら、すぐにやめ、違うことにシフトチェンジしました。

無我夢中で働いたこの数年間をふり返ると、自分に何が出来るか、何が合っているのかわからないまま、それを探しながら突っ走っていた時期だった気がします。出来ることを何でもいいので、試したい時期でした。

商品化できなかったものもたくさんあるし、つくったけれど売れなかったものもたくさんあります。

それを無駄と考える人もいるかもしれませんが、私はそうは思いません。

なぜなら、試さなければわからないからです。

「石けん……ダメかもね」と、頭の中でNGを出していたら、今だに最初の実績はないままだったかもしれません。

「不安やリスクはないの?」とよく聞かれますが、何もしないで時間が過ぎることこそ、最大のリスクです。「あのときやっておけばよかった」と後悔するのがいちばん怖い。人に迷惑をかけず、自分でリカバーできそうなリスクなら、私は躊躇《ちゅうちょ》しません。

この方針は今も同じです。二番目の実績も、三番目も、その次も、今に至るまで、私が実績を積み上げるうえで共通の秘訣があるとしたら、「失敗を恐れず、手当たり次第、試してみる」ここに集約されます。

とにかく、コスメ、ファッション、ママバッグや子ども服、マタニティ服や妊婦用クリームなど、次々と試しました。

その中から、「Ａｎｎ♡ｃｈｕｃｕｌｌｅ（アンチュチュール）」というインナーシリーズが累計25万個の売り上げを記録しました。

こうしたトライ&エラー、トライ&サクセスの積み重ねが、以前テレビで放映された年商です。

「Ａｎｎ♡ｃｈｕｃｕｌｌｅ」の成功の秘訣は……。

当時、骨盤ショーツはあったけれど〝可愛い骨盤ショーツ〟はありませんでした。すべて黒のショーツでした。そこでレース部分をピンクや水色にして、真ん中に小さなリボンを付けました。

「それだけ？」とがっかりされた方、ごめんなさい。

でも、本当にそれだけなのです。私の発想がとびきり優れているわけでは、けっしてありません。誰もが考えつくこと。

暮らしの中で見たり、使ったりして、「もっと、こういうのがあればいいのにな」という、ちょっとしたアイデアなのです。

では、なぜ大ヒットを出せたのか。

いちばん最初に黒ではない色のショーツをだしたからです。当時カラーバリエーションを提案するブランドは他になかったのです。アイデアは生もの。スピード勝負です。

人より早くしなくちゃダメ！

ブログもそうでした。

おかげさまでたくさんの読者の方々に支えられていますが、これも人より始めた時期が早かったからです。今でこそ当たり前になった主婦ブログですが、私が始めたころは、あまり主婦タレントがいなかった。だから、すぐにランキング上位になれました。

最初は手さぐりでした。もちろん、アクセス数もゼロから始まり、それをどうにかしたくて、運営会社に「アクセス数を伸ばすためには、どうすればいいですか」と質問しても、そこまで協力的ではありませんでした。

ところが、ブログでの発言が影響力を持ち始めると、ネットだけでなく、雑誌やテレビからも取材の申し込みが来るようになりました。


最初は協力的でなはなかった運営会社の担当の方からも、たくさんのお仕事をいただけるようになり、ブログ本まで出版させてもらいました。

アイドルだったころより、引退して主婦になってからのほうが、知名度は上がったことになります。実績があれば、人の対応が変わることも、この頃実感しました。


誰にでも出来ることだけれど、少しでも違いを出す。それが結果につながり、その積み重ねで人生が変わる。

それがわかったのは、ブログのおかげです。

私にネームバリューがあったり、人より際立つコンテンツを発信出来るのならば話は別です。でも、私は特に際立つ魅力もない、普通の人だった。だから、何か人と違うことをしなくてはいけないと考え、世の中にまだないものを探して、人より早く、新しいことをしていこうと思ったのです。

ブログによって学んだことはたくさんありましたが、今同じように同じことをはじめても、同じ結果にはなっていないと思います。正直、もうブログではない。すべてはタイミング、今の時代に合っているか、合っていないか。私ははじめる早さと同じくらい、切り捨てるタイミングもポイントだと思っています。

プロデュース商品に関しても、続いていない商品の中には、時代に合っていないもの、流行りすぎたものがあります。それらは、自分の中で見切りをつけて、やめました。売れているいい時期にやめることへの抵抗もありません。ダラダラと続ける方が、結果的によくないこともあると思っています。

「これがいい」「こうなりたい」じゃなく、「これは違う」「こうはなりたくない」を探す

「憧れの人はいますか？」という質問を受けることがよくあります。素敵だな、と思う方はもちろんたくさんいますが、その憧れの誰かになりたいと思ったことは一度もありません。なぜなら、人の真似をしても、それ以上にはなれないし、成功したりはしないと思うのです。髪型でもメイクでも、自分にあう形にするのがいちばんだと思いますし、もっといえば、自分に適した生き方、仕事でもパートナーでも、自分にあっていることがいちばん。私はいつも、自分にあったものを探していきたいと思っています。

私が仕事をする中で、自分に合う方法として見つけ出したのが、こうしたくはない、こんなのは嫌だ、というネガティブなものをピックアップしていくこと。その「違う」を解消するためにどうしたらいいのか、と、アンテナを向けてみます。そうすることが、私にとっては、うまくいくことだとわかったのです。

Produced Items

by. ANNA

私のプロデュースアイテム

最近のヒット商品を例にしてみます。「ANNBEAUTE（アンボーテ）」というコスメです。

2016年にデリケートゾーンのソープを発売しました。配合成分の95パーセント以上を天然由来のものにして、ヨーロッパの厳しいオーガニック認証COSMOS（コスモス）を取得。とても多くの方にご支持いただき、シリーズ第2弾も発売が決定しました。


そもそもこの商品は、私の実績を認めてくださった会社から企画のオファーをいただきました（〝実績〟の効果です！）。アイデアを求められたので、それなら女性の悩みを解消するものがいい、と考えました。

今の時代、タレントさんやブロガーさんがプロデュースするコスメはたくさんあります。けれどそういうものは、イメージのいい商品がほとんど。顔用の基礎化粧品やメイクアップ商品などです。

私は自分のタレントとしてのイメージはまったく気にしないので、まだ世間に広まっていないデリケートゾーンのケア商品にしようと思いつきました。まだどのタレントさんもプロデュースしていないものだったので、このアイ

デリケートゾーンは、身体の中でもっとも経皮吸収をしやすい部位。石油成分が入ってるもので洗ってしまうと、トラブルを引き起こしやすい状態になってしまうといわれています。娘には、オーガニック成分のいいものを使ってあげたい。そんな気持ちから、開発がはじまりました。

テムに決めました（〝人より早く〟の方針！）。

デリケートゾーン専用のコスメもまったくないわけではないけれど、おしゃれなデザインのパッケージや香りのものはありませんでした。繊細なパーツだから、なにより安心できる成分で。においのケアや美白、保湿効果もしっかりと（〝この分野で、こういうものはない〟を探す！）。

そうして成分にこだわった結果、デリケートゾーン用ソープとして世界で初めてCOSMOSを取得できました（これも〝人より早く〟です！）。


ホームページの写真にも、ひとつひとつ注文をつけました。販売元のスタッフさんから、面倒くさい人と思われていたかもしれませんが、せっかくこだわった商品だから、ちゃんと素敵に伝えたい。

自分のイメージは気にしませんが、商品のイメージは大切です。こだわって作ったよいものだから、きちんと良さを伝えたいのです。

それを伝えることができるのは私しかいないし、私が言わなければ誰も商品を守ってくれません。

こうしたことの積み重ねが、新しいヒット商品につながりました。

①初めての実績となった野菜を使った固形せっけん。パッケージは主人がデザインしてくれました。

②③可愛らしい色使いで好評をいただいた骨盤ショーツと着圧ソックス。このほかにも、骨盤タイツ、ナイトブラ、バストアップジェル、酵素ドリンクなど、女性の悩みを解決するアイテムの数々を発売しました。この時、プロデュースという仕事は楽しい！　と感じはじめました。

※これらのアイテムは現在販売はしておりません。

Produced Items

by. ANNA

私のプロデュースアイテム

Rista garden

④

Sing

⑤

④歯磨きペーストは、毎日口に入れるものなので、天然成分にこだわり、家族みんなが安心して使えるものをつくりました。⑤時短を考え、ひとつで多くの効果をもたらすよう考えたオーガニックの炭酸ホワイトパックと発酵クレンジング。パックは洗顔、ピーリング、パック、保湿の４役、クレンジングはクレンジング、洗顔、ピーリングと３役の効果でワントーン明るい肌へと導きます。

何十と商品を生み出し、失敗も数えきれないほどあり、最近やっと自分の得意がわかってきた、という段階です。

でも、失敗のひとつひとつに学びがありました。

実際にやってみなければそれもわからなかった。だから、失敗したことも、ぜんぶ試してよかったと思っています。２０１４年代官山にカフェもオープンしました。自分自身が子連れでのんびりできるお店が少なくて苦労した経験から、ママにも子どもにも優しいカフェをつくりたいと考えたのです。

これも、初めての経験ばかりでした。

失敗も、勉強。
すぐに頭を切り替えて、次の挑戦！

内装デザイン、家具、メニュー、食器、店内にあるあらゆるものにこだわりました。まぁ、それらについては、得意分野だったので大きな問題はなかったのですが、バイト探し、業者探し、工事の立ち会いやメニュー開発など、今までやったことのない作業がどんどんと増えていきました。そのことで頭がいっぱいで、ほかの仕事をする余裕がなくなってしまったほどです。

人を雇うことにも慣れていませんでした。

まず、私は人の教育やマネジメントが苦手です。

自分にはよい方法も、働くスタッフにはマイナスに取られることがありました。「言っていることがころころ変わってついていけない」と辞めていった人もいました。

確かに、私は言うことがころころ変わります。あるミーティングで「こうしよう」と発言したことが、1カ月なら長いほうで、1週間後には正反対のことを言ったりもします。

毎日アップデートして生きているから。

トップの指示が、その日その日で変わらなければ、会社自体がいい方向へ向かわないと思うのです。働く人は大変だと思いますが、それに柔軟に対応してくれるスタッフと仕事がしたいと思っていました。けれど、そんなに甘いものではありませんでした。

2年間、試行錯誤した結果、自分は経営者に向いていないと見切りをつけました。今は、信頼のおける会社と業務委託契約を結び、お店の業務に関してはすべておまかせしています。

やってみて学んだことは、私は社長ではなく、プロデューサーに向いている、ということ。また、お店のために、ざっと1億円強使いました。内装をはじめ、家具を輸入したり、お皿やお店で使うハンドソープやハンドクリームなど、すべてオリジナルで作りました。初めての自分の城、すべてにこだわりたかったたからです。

お店をオープンさせていなかったら、そこそこのマンションは買えたでしょう……。でも、まったく後悔はありません。この経験は、マンションを買うより、ずっと多くの学びをくれ、私の人生において、とても貴重でかけがえのない経験となりました。

後悔こそ時間の無駄。次！　次！

運営体制を変えたことで肩の荷がおりて、ほかの仕事にも再び力を入れられるようになりました。

今は、自分の会社でスタッフを抱える代わりに、その分野に秀でたプロフェッショナルな人とプロジェクトごとにパートナーシップを組むようにしています。すべて外注、いつも違うメンバーです。雇用をすると、教育に時間がかかりますが、外注ならば、割高ではありますが、プロの仕事をしてもらえます。

なにが起きても「すべて自分の責任」と腹をくくって、消化し、次のチームと新しいビジネスをする。ひきずらない。人のせいにもしない。自己責任という意識を持つ！

仕事でもプライベートでも、私は人に相談しません。主人にも決定事項しか話しません。

どんなに経験豊かな人のアドバイスだったとしても、その人は私ではないからです。ありがたい助言も、あくまでその人の経験談。その人には出来ても私には出来ないかもしれないし、逆にその人には出来ないことも私にだったら出来ることがあるかもしれない。

ほかの誰より、自分のことを信じていたい。

だから、やりたい、と思ったら、その瞬間にやります。迷いません。それで失敗しても後悔はしません。自分のせいだとわりきって、経験出来てよかったと思うだけです。

夢はない。
やりたいと思ったら、次の日には
そのための行動を起こしているから。

迷ったり、怖がりさえしなければ、やりたいことは大抵出来ます。私だけのことではなく、みなさん同じです。

失敗したらどうしよう、と思うのは、それまでの自分や積み重ねてきたものを失うことへの恐怖なのかもしれません。

私は幼少期に親の転勤が多く、小学校で3回、中学校で3回転校をしました。そのおかげで失敗を怖れなくなりました。ダメだったら、別の場所でやり直せばいいことを知ったからです。

自分がコツコツと積み上げてきたものを失ったとしても、また一から築けばいい。やりたいと思ったことは、ぜひ、やってみてください。失敗も、成功のためのひとつの過程と思えば、気が楽になりませんか？

私も人の目がすごく気になった時期もありました。結婚したばかりの頃は、自分に自信が持てず、自分を大きく見せようと、ブログにはウソや話を盛って書いたことも。働き出して学んだことは、変なプライドは邪魔でしかないということ。

自分を大きく見せようとか、よく思われたいとか、スゴイ！　って思われたい気持ちこそ、自信のなさの裏返しだと気が付きました。

身の丈を知りながら、ステップアップ

自分を客観視すること。今はこれを心がけています。

小さな頃から芸能界に入り、多感な時期にいつも自分の立ち位置を思い知らされ、あがいたのがいい勉強になったのかもしれません。

今、私がしていることも行き当たりばったりに見えるかもしれませんが、遠いゴールに向かって実績を積み上げている途中だという自覚はあります。

ゴールに辿り着くまでは、まだまだです。だから今はもう少し頑張りたい。実績をもっとつくりたい。

最終的なゴールはなにか？

初めて打ち明けますが、不労所得生活をすること、ぐーたらしていてもお金が入る人生です(笑)。ぐーたら主婦だった結婚当初も寝ていても暮らせましたが、なにもない人間が、主人のお金でぐーたら生活をしていても、肩身が狭くなるばかり。それで堂々と生きているのも、私は好きではありません。

あのまま終わらなくてよかった、と思います。主人の怪我のおかげ、と言ったら悪いですが、あの危機がなければ、今の私にはなれなかった。売れなかった元アイドルという最終経歴で人生が終わっていたかもしれません。

ピンチこそ一発逆転の大チャンス‼

これからもピンチは訪れると思います。

でも、私がダメな時は主人が支えてくれるはず。主人がダメな時は、私が頑張ればいい。

数年おきのサイクルで、どちらかが稼げていればいいね。主人とはそんな風に話しています。

Be myself

Be beautiful

美しくあるために

Chapter

02

My Beauty Philosophy

HAPPYホルモンを出すライフスタイル

結局のところ、私にとって最大の逆転は、実績ができて自信がついた、ここなのかもしれません。

自信がつくと、見た目まで変わります。

輝き、存在感、オーラのようなものは、すべて内面に由来するものです。

とは言っても、日々いろいろなことがあります。それなりに背負っているものもありますし、ノンストレスの環境で生きられるわけでもありません。仕事の悩みやトラブルもあり、いつも自信満々というわけにもいきません。

そんなときはどうするか。

あくまで"私流"ではありますが、意図的に自分に自信が持てるポイントをつくります。

■ドレスアップして贅沢なランチにでかける
■お風呂でちょっとリッチなパックをする
■好きな香りに包まれる
■新しいコスメを買う
■恋をする

私にとって、心のスイッチが切り換わるような、ちょっとしたことを実践するのです。恋人同士の恋愛はもちろんですが、結婚しても旦那さまにときめいたり、よく行くカフェの店員さんでも、お気に入りのアーティストでも、電車で隣にいる人でも誰でもいいんです。30秒間だけの恋でも、効果はあるはず。恋をする=何かにときめく感情って、女性の美意識をアップさせるのに欠かせない感情だと思うんです。

ハッピーホルモンという言葉を聞いたことがありますか？　言葉の通り、幸福感やポジティブな思考の源、リラックスやいい気分を司るホルモンです。

自信や幸せが見た目を変えると書きました。だから、身体の美しさのためにもハッピーな自分でいようと心がけています。

幸せな魂に、美しい身体は宿る。逆に、美しさも、幸せを届けてくれます。

心と身体のキレイはつながっている。これが私のビューティ・コンセプトです。仕事と同じように、女性としての自分磨きもおろそかにしたくないと自分に言い聞かせています。

子どもを産む前の専業主婦時代は、ボロボロのジャージでコンビニやスーパーへ行くこともありました。身だしなみをちゃんとして出かけるようになったのは、子どもを産んでからです。「ふつう反対だよね」と言われますが、時間がないのを言い訳にして、このまま手を抜いていたら女性でいる自分を失ってしまう、と危機感を覚えた瞬間があったのです。

大変なのはみんな同じ。大人は時間がなくて当たり前です。それに甘えて手を抜くより、手をかけることのほうが女性としてのモチベーションが上がります。

もちろん、いつも完璧じゃなくていい。いまも子ども達が寝静まった後に、ジャージ姿でソファ

に寝転び、ダラダラするのも秘かな楽しみ……♡

でも、ここ！というときにはキレイな自分でいたい。

だから、メリハリをつけて、時短でありながら、コストパフォーマンスの高い、最小の努力で最大の効果が得られる方法を日々探しています。

その中から、最近私が実践している美容法を、いくつかご紹介したいと思います。先ほども言いましたが、あくまでこれらは私には適した方法"私流"です。みなさんがそれぞれ、自分に合った方法を見つけるためのヒントとなればと願っています。

My Beauty

SECRET

01

How to make
ANNA's finest skin and body
and her favorite item.

やっぱり"ずぼら美容"

私は、肌のケアはやれば絶対に効果があると信じています。顔も身体も。年齢を重ねるほどに、顔の構造よりも肌質のほうが大切に思えてきます。

肌質ですが、こればかりは毎日の積み重ねです。高いコスメで即効性を狙うより、無理なく続けられる方法がいい。どんなに時間に追われていても、そういうことをきちんと出来る人でいたいと思っています。

ですが、仕事や子育てなどいろいろ重なると、美容は後まわしになりがちです。そこで私なりに考え出した私流のやり方というのが"ずぼら美容"です。落とすのが面倒なので日焼け止めやファンデーションはつけない（本来は必要なのかもしれませんが）、朝は洗顔しないなど、ずぼらではありますが、私には効果のある方法をいろいろと編み出しました。

ANNA流
ずぼらテク

- ☑ スキンケアは効率よく！
- ☑ 朝は顔を洗わない！
- ☑ 美容液に使うお金はおしまない！
- ☑ 万能オイルを使いまくる！
- ☑ 入浴時間を活用
- ☑ ときにはプロの手を借りて

My Beauty
SECRET 02
How to make ANNA's finest skin and body and her favorite item.

Beauty SECRET02 All in one
ワンアクション美容

ふだんのメイクは、まつ毛エクステをしているので、眉を描いてリップを塗るくらい。

仕事で撮影のあるとき以外は、ファンデーションを塗りません。ずぼらなのもありますが、なるべく刺激を避けるため、という意図もあります。よく、日焼け止めを塗ったほうがいい！ クレンジングは重要！と聞きますが、長年自分の肌と付き合ってきて、私の肌は何も塗らない方が調子がいいのです。肌質にもよりますが、重要なのは、情報を鵜呑みにせず、自分の肌と向き合うこと。自分の肌でいろいろと試してみて、いちばん合う方法でケアするのがベストだと思います。

私が自分の肌と向き合い、そして時間を効率的に使い、"ずぼら"でもきちんとケア出来ると考えた方法がワンアクション美容です。コレ塗って、次はコレ塗って……のアクションの繰り返しは、時間がかかります。取り入れたい成分をすべて混ぜることにより、ワンアクションですむよう、効率化しました。結局、成分はきちんと肌に吸収されますので、私の肌は納得してくれている美容法です。

お気入りを混ぜてワンアクションに！

01_ 撮影などで、メイクした日のクレンジングは、コレ１本。忙しい女性には必要なものだと確信し、自ら開発した「Sing COSMETICS」のオーガニッククレンジングウォーターを使っています。潤いを残しつつ、汚れを落とし、香りもいいとよく褒めていただいています。
02_ クレンジングをしたら、基礎化粧品の出番です。コットンにローション、美容液、クリーム、オイルを一気にのせ、それをそのままお肌にのせます。肌の上で混ざあわせ完了のワンアクションです。

コスメの蓋を開けるのも、おっくうな時は……

正直、仕事や家事、育児に追われ、スキンケア用品のボトルを開け閉めするのさえ、面倒くさい……そんなときはありませんか？　私はあります（笑）。そんなときは、もともとオールインワンの「fresca loveable you!」や「BOTANICALS Skin Juice GEL」などを使っています。

クリームにオイルを混ぜて保湿度アップ

ニベアクリームは、肌に優しく成分がよいので、特に乾燥が気になるときに使っています。乾燥しがちな私の肌に合わせ、そこにオイルを混ぜて使います。そうすると、肌なじみの良いテクスチャーに変わり、保湿度がアップ、肌にツヤも与えてくれるんです。

My Beauty

SECRET

03

How to make
ANNA's finest skin and body
and her favorite item.

Cleansing method

お気に入りの洗顔法

洗顔料と水で洗いすぎると、肌の油分を取り過ぎてしまい、カサカサ肌に。
だから私は、水を使わない拭き取り洗顔を実践しています。

泡立て洗顔はしない。それが“私流”

一般的に良いといわれている水を使った泡立て洗顔ですが、私は基本的にしていません。前にも書きましたが、“ずぼら”な性格ですし、時間をかけない効率的な美容法が好きだからです。また、私の肌質は、乾燥肌で汗もかきにくく、水で洗ってしまうと、肌の油分を取り過ぎてしまうようで、カサカサになってしまうのです。朝は「シュラメック ハーバルケア ローション」で拭き取るだけ。夜は「maNara モイストウォッシュゲル」がお気に入り。手のひらに取り、顔にすり込んで洗いながします。ゲルには洗浄成分は入っていないので、保湿感があります。そして、お風呂に入った日だけは「シーハン エンハンシャル 洗顔粉」で洗っています。とてもさっぱり感がありますが、つっぱらり知らずでお気に入りアイテムのひとつです。

Anna's

Favorite Item

美容液

実は、美容液マニアなんです

私は美容液が大好きで、いろいろ試すことも楽しみのひとつ。基礎化粧品の中でも、美容液には珍しい成分や贅沢な成分が様々に入っていて、聞いたことのない成分があると、どうしても自分の肌で試したくなってしまうのです。いろいろ試していく中で、やはり、他の基礎化粧品と比べ、肌にダイレクトに届いていく感覚がいちばん味わえるものだと実感しています。

私は、同じ基礎化粧品を毎日つかったり、同じラインで揃えることはしません。毎日、違ったアイテムで違った成分をお肌に与えるのが私流。今お気入りの美容液が上の写真のラインナップです。「下鳥養蜂園 女王乳美肌液３」は番組で IKKO さんと共演させていただいた際に、プレゼントしていただいたものなのですが、とても気に入ってリピート買いしています。

いろいろ試す中で、もちろん肌に合わないものもあります。そういうものは、ボディ用にしたり、贅沢ではありますが、お風呂に入れて入浴剤のかわりにしたりしています。

唇にも栄養を♡

皮膚の薄いパーツ、そして女性らしさを表現する唇には、潤いとぷっくり感が大切。リップケアには「Borica リッププランパー」、「リップフォンデュ」、「トリーモリー リップスクラブ」と「トリーモリー リップエッセンス」を使っています。

My Beauty

SECRET

04

How to make
ANNA's finest skin and body
and her favorite item.

Oil beauty Suggestion

オイル美容のススメ

いままで、いろんな美容法を試してきましたが、最近はずっとオイル美容にはまっています。簡単で、オイルさえあれば顔だけでなく、髪にも身体にも使えて万能です。

身体に使うときは、お風呂あがり、身体が濡れている状態で、オイルを全身に塗ります。それを、水滴と一緒にバスタオルで拭き取ります。乾いた身体にオイルを塗ると、べたっとしてしまいますが、この方法だと、濡れている身体の水分とオイルが混ざり、さらにオイルが水分にふたをして肌に閉じこめてくれるので、保湿効果がアップしつつ、さらっとした仕上がりになります。

01

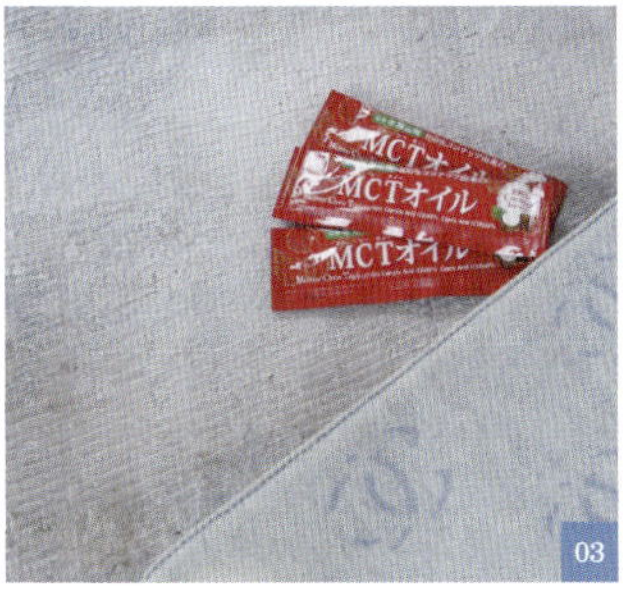

03

02

01_（左から）愛用のオイルたち。左から、ドバイ出身の女性皮膚科医が妊娠中に使えるボディオイルを求め開発した「シファドバイ」のボディオイル、フランスで大人気、植物の恵みを贅沢に凝縮した「NUXE プロディジー オイル」、肌の潜在エネルギーにアプローチする「セルヴォーク コンセントレートオイル」、水分と油分を同時に補給できる二層式「ロイルフェイスミスト」、Biople by CosmeKitchen で買った、薬用オーガニック認証「COSKICHI スキンオイルラベンダー」。　02_ オイルは美容のために、外側からだけでなく、内側からも摂りたいものです。日常的にオイルのサプリメントも利用しています。これは、「RistA garden ボタニカル オイル サプリメント」。6 種類の国産のオイルが入っているシンプルなサプリで、飲みはじめてから、肌や髪に潤いを感じるようになりました。　03_ 美容にいいココナッツオイルの中でも中鎖脂肪酸 100% の「MCT オイル」。Biople by CosmeKitchen で購入。

My Beauty

SECRET

05

How to make
ANNA's finest skin and body
and her favorite item.

Beauty
Bath time

バスタイムは美容時間

実は私、お風呂には毎日入りません。そのかわり、浸かる日はとことん浸かります。2－3時間はザラです。その時は塩と水素の入浴剤を入れます。私は代謝が悪くて汗が出にくいタイプ。とにかく発汗したいので塩をたくさん入れます。

そのためにネットショップで、業務用の漬けもの塩などを大量買いし、それをバスソルトとして使っています（ご家庭の環境によっては配管などに支障が出るかもしれませんので、確認の上ご使用ください）。

そして、塩＆水素たっぷりのお風呂にスマホを持ち込んでブログを書いています。8歳の息子に「お風呂でスマホはやめたほうがいいよ」と注意されたので（笑）、先日、百円ショップでスマホ用の防水ケースを購入しました。

お風呂に入る、というだけに時間を使うのはもったいないので、入るときは、何かのスペシャル美容をしながら、より効率アップと時短を心がけています。

02

01

04

03

06

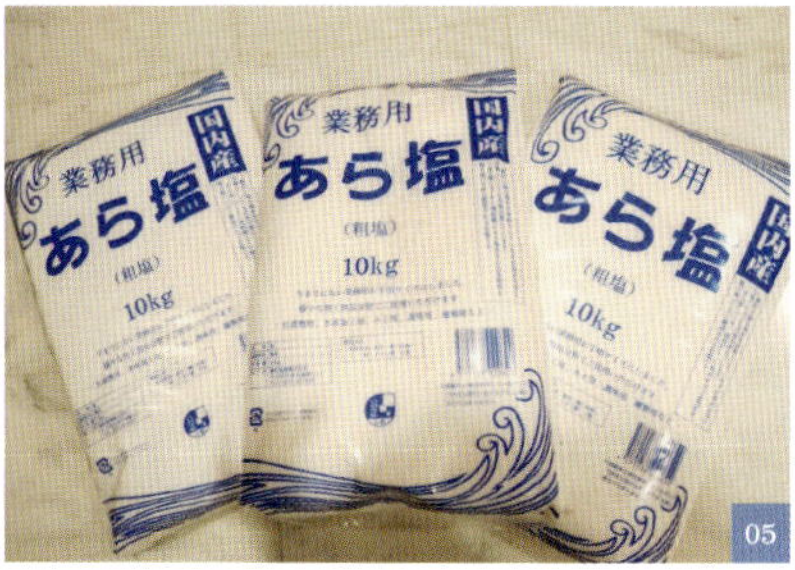

05

01_ お風呂に浸かりながら、「ヤマノ肌 DORONKO CLAY」でパック。
02_ 水分の蒸発を防ぐ「fresca」のシリコーンマスクを、パックの上にオンすることも。
03_ お風呂に入るときは絶対に入れている「マーメイド水素バブルバス」。
04_ 気分を変えたいときは「Spa KIYORABI 水素入浴剤」。サクラの香りに癒やされます。
05_ 大量に購入している、業務用の塩。バスタブに大量投入しています。
06_ 東原亜希ちゃんがプロデュースしたボディミルク。子どもにも使える安心のアイテム。全身に使えます。

My Beauty

SECRET

06

How to make
ANNA's finest skin and body
and her favorite item.

HOW TO

Self Massage

セルフマッサージ

私がやっている、セルフマッサージをご紹介。
いつも通っているサロンの先生から教えてもらいました。

Lesson 01

目をぱっちりさせる ❶

目が大きくなれば、小顔見せ効果がアップします。

01

目頭の上とまゆ毛の間のへこんでいる部分に親指を置き、気持ちのいい程度の強さでぎゅーっと押しあげる。

02

まゆ毛の下の骨にそって、押しあげながら、親指を目尻に向かって動かしていく。目の上の皮膚は薄いので、痛くない程度で。

◆

Lesson 02

目をぱっちりさせる ❷

目の上をマッサージしたら、次は目の下。これらはセットでやるのがおすすめ。

01

目の下と頬の骨の間のくぼみに、人差し指と中指を置き、気持ちのいい程度に押す。

02

人差し指と中指で、くぼみにそって押しながら、外側に動かしていく。

Side

目の下の皮膚も薄いので、強く押しすぎると、シワやたるみの原因になってしまうこともあるので、注意しましょう。

◆

Lesson 03

小顔を作る ❶

むくみを取って、アゴのラインをシャープに見せるマッサージ。

両方の手をグーにして、アゴの両サイドに置く。クリームなどを塗ってからやると、滑りがよくなりやすい。

グーにした手を、軽く押しながら、引き上げるように、上に向かって動かしていく。

POINT

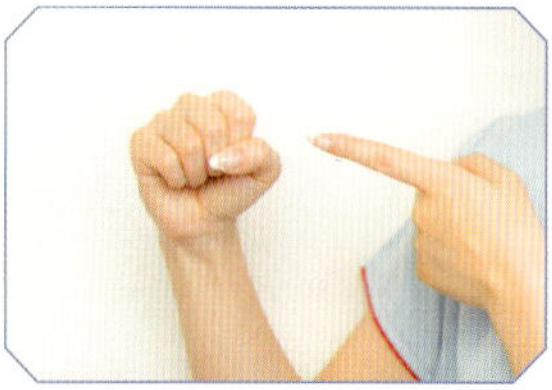

手をグーにして、人差し指と中指の第二関節を上手に使うと気持ちのいいマッサージが出来ます。

◆

Lesson 04

小顔を作る ❷

小顔効果もありますが、リラックス効果も期待できます。

01

手の平を、頬骨に置く。ちょうど、押して気持ちのいいポイントを探します。

02

頬骨を、心地よい程度の強さで、ぎゅーっと押す。何回かくり返しましょう。

POINT

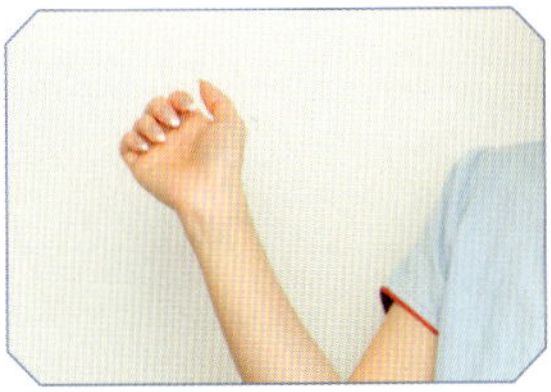

このマッサージは、親指の付け根のふくらんでいる部分を使うのがポイントです。

Lesson 05

顔をスッキリさせる ❶

リンパの流れをよくすることで、むくみを解消、すっきりしたフェイスラインに。

手をグーにし（66ページPOINT参照）、耳の下のくぼみの部分に手を置く。

手を首から鎖骨のくぼみに向かって、軽く押しながら動かしていく。

鎖骨のくぼみから、鎖骨の上のラインにそって、外側に、軽く押しながら動かしていく。

01-03を何度かくり返す。リンパにそって行うマッサージなので、くり返すうちに、だんだん顔が温かくなってくるはずです。

◆

Lesson 06

顔をスッキリさせる ❷

鎖骨の下をマッサージすることで、さらにフェイスラインをスッキリ！

01

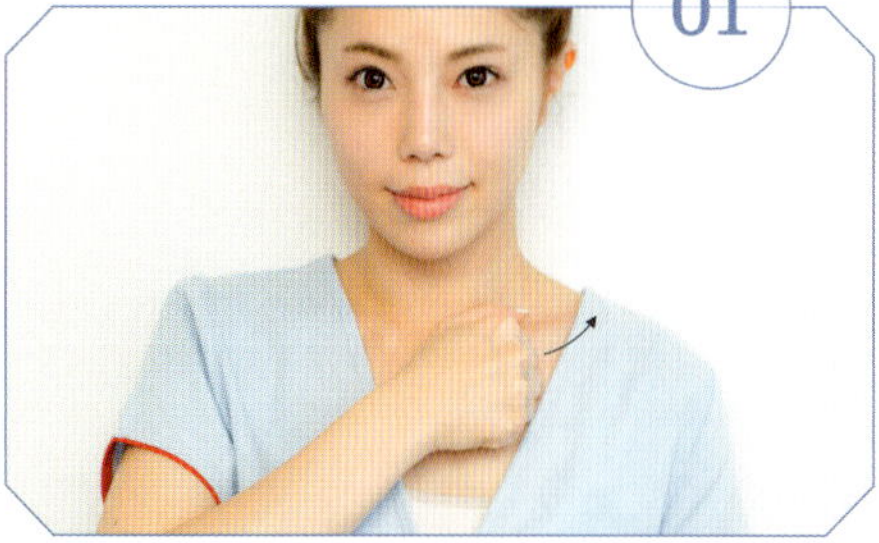

右手をグーにして、左側の鎖骨の下に置き、中指と人差し指の第二関節を使い、気持ちのいい程度に押す。

02

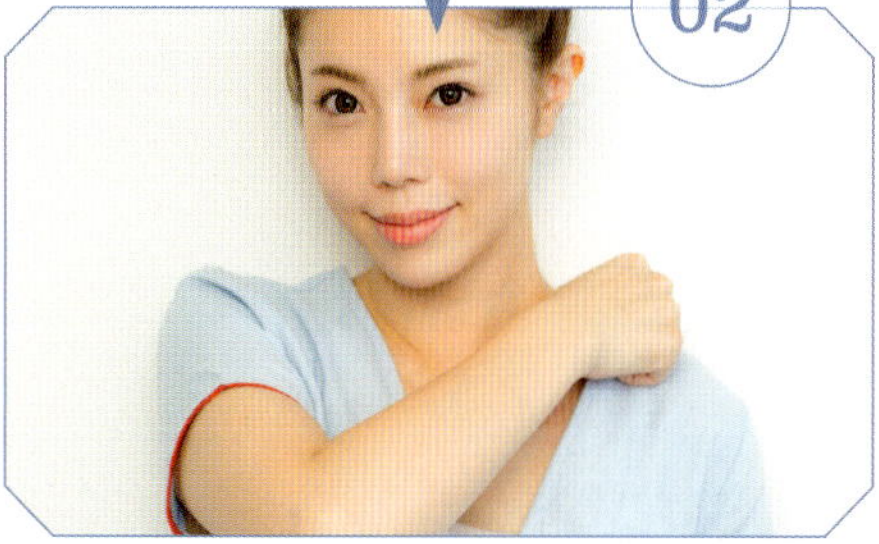

手を鎖骨の下のラインにそって、押しながら、肩に向かって手を動かしていく。反対側も同じようにマッサージしましょう。

◆

Lesson 07

血行をよくする

血行をよくすることで、肌の調子もよくなってくるマッサージ。

01

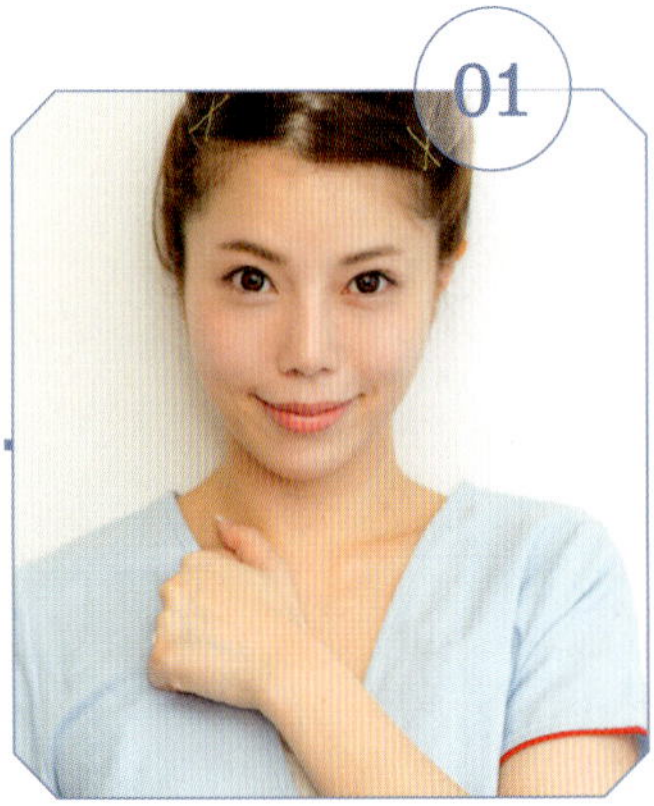

左手をグーにし、右側の鎖骨の下に置く。

02

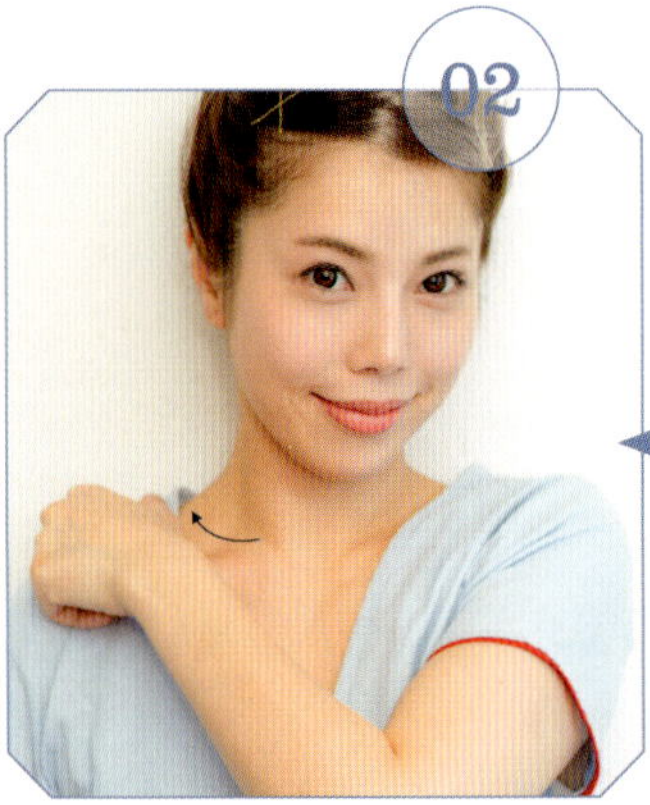

手を右側の肩に向かって、気持ちのよい程度に押しながら、動かす。手を左側の脇の下の横の部分に向かって、押しながら動かしていく。

03

脇の横の、押すと気持ちのいい部分を、ぐりぐりとマッサージする。反対側も同じようにマッサージしましょう。

これも OK!

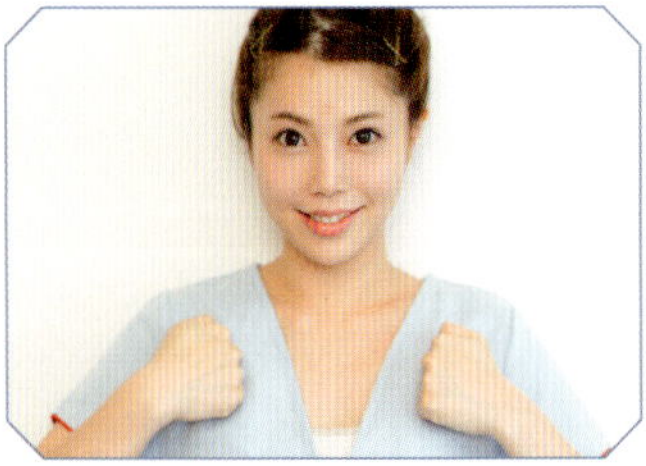

脇の横の部分の部分は、リンパが集まっているポイント。時間のないときは、この部分だけ、グーでぐりぐりとマッサージしても OK！

◆

Lesson 08

鼻を高くする

目と同じように、鼻もマッサージすると、小顔効果が倍増するんです！

手をグーにして、人差し指の第2関節を使って、鼻根をぎゅーっと押す。

少し押しながら、下に向かって指を動かしていく。強く押しすぎず、気持ちのよい程度の力で押しましょう。

セルフマッサージを教えてくれたのは

3年前ほど前から西先生のところへ通っています。コルギとエステティックの技術を取り入れた骨美導法で施術をしてくれるのですが、顔の歪みが矯正されて、血行もよくなり、肌の調子もよくなりました。はじめに取ってもらった石膏と1年後のものでは、ぜんぜん違う！　こんなにも変わったのだと驚いています。

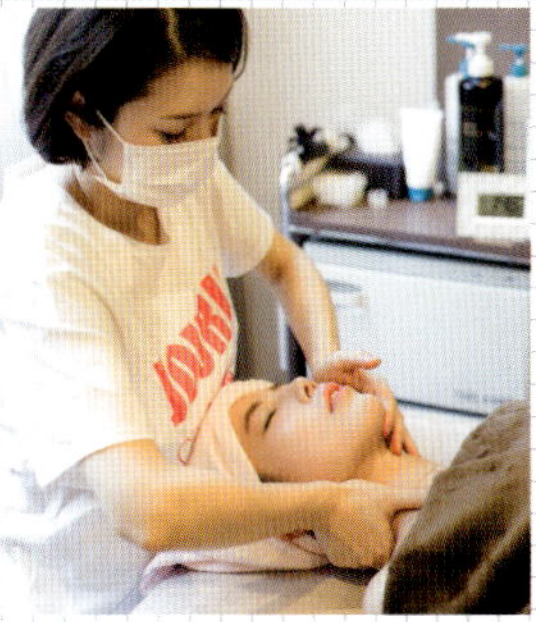

JOURIE ♡ beaute 代表
西 晃絵先生

Salon DATA

JOURIE ♡ beaute 本店

☎ 03-6809-4339

http://jourie-beaute.com

My Beauty

SECRET

07

How to make
ANNA's finest skin and body
and her favorite item.

目指すは"腸美人"

仕事柄、たくさんの美容法やダイエット法を試してきましたが、そのなかで私にいちばん効果があるのは〝食べない〟ことだとわかりました。ファスティング、プチ断食です。

ふだんは、野菜がメインの食生活でもなければ、ヘルシーを意識しているタイプでもありません。お菓子も大好きでよく食べますし、油断すると、寝る前にポテチなんてこともあります(笑)。でも、テレビの収録や撮影がある日に、だらけた身体ではプロ意識が問われるので、その日に向けて節制をします。

さらに、洋服がきつくなり鏡を見てヤバイ! と感じたときも、私の場合はファスティングをします。

ふだんの食生活では我慢しないで、いざとなったらファスティング。このメリハリが私の性格には合っています。

人によって向き不向きはあると思いますが、私は筋肉量が人より少ないらしく、運動してもそれほど身体に変化が出ないので、食べないことによるカロリー調整の方が効果歴然なのです。

ファスティングをするとき、主食となるのが、この酵素ドリンク。

何よりファスティングをすると、腸がきれいになって、すこぶる体調がいい。

腸と美肌の関係は、よく知られている通りですが、ハッピーホルモンの「セロトニン」も腸でつくられるのです。

ファスティング中は朝の目覚めがすっきりして、肌まできれいになって、何よりプラス思考になります。

おまけに、エクササイズやエステなど、いつもと同じことをしても効果が倍増するので、これも最小の努力で最大の効果を狙いたい私にはぴったりです。

食べない期間は、1回のファスティングにつき、5~8日間。その間は、酵素ドリンクと水のみの生活です。でも、最初の2日間を乗り切れば、不思議とその後は空腹を感じることはありません。

「つらくない?」と聞かれますが、むしろ快感です。腸がきれいになるのが本当に実感できて、身体がかるくなり、気分もアップ

ファスティングをするときの準備食であり回復食。「まごはやさしいわ」と言う、ファスティングに適した食事ルールにのっとったメニューで、酵素玄米を主食にします。

します。逆に身体がつらくなったら「ファスティングしたい」と思うようになりました。

ファスティング期間前後の2、3日は、肉や魚、揚げものなど、油を使った料理を避け、身体に優しい昔ながらの和食にします。どうしても外でランチをしなければならないときは、オーガニックのサラダバーのあるカフェや蕎麦やさんへ行きます。

いまや私のハッピー・ライフスタイルに欠かせないファスティング。美BODYはもちろん、ポジティブな気持ちのベースになっているといっても過言ではありません。

My Beauty
SECRET
02
How to make ANNA's finest skin and body and her favorite item.

Anna's

Favorite Item

ファスティングのお供

02

01

03

04

01_「JUICERY by Cosme Kitchen」のティ。ノンカロリー、ノンカフェインのお茶はファスティング中もOK。

02_ファスティング中の至福の時間は、夕食時間。夕食といっても、「ミネラル酵素梅干し」をお湯に溶いたものだけですが、とにかく美味しく感じます。

03_ファスティング中は、よい塩分を摂ることも大切です。酵素ドリンクは甘いので、「ヒマラヤマグマソルト」をなめます。ミネラルがたっぷりのこの塩は、なめるとゆでたまごを食べている気分になれるんです。

04_タウリンとアミノ酸は、ファスティング中にも大切な栄養素。「Ananda Remedies スーパータウリン1000mg」と「AminoMakia ファスティングチャージ」。

Special Interview

with Yuki Tanaka

田中裕規氏とのSpecial 対談

Profile

田中 裕規　Yuki Tanaka

山田式ミネラルファスティングをベースとした独自の断食法田中式ホリスティックファスティングメソッドで、タレント、モデル、スポーツ選手など6,000人以上の肉体改造を行う。分子整合栄養学、酵素栄養学、ホリスティック栄養学を基本に、子どもたちの健康的な成長に大切な栄養学を広める活動を行う。プロフェッショナル・ファスティングマイスター（1級断食講師）。最長41日間の長期ファスティングも実践。

Special Interview

with Yuki Tanaka

田中裕規氏とのSpecial対談

「ファスティングは、田中先生の指導でやっています！」

ファスティングを知ったのは、友人がきっかけでした。太っていたのに、いきなり痩せて現れたのです。「何したの？」と聞いたら、ファスティングについて話してくれました。「1度ファスティングをすれば、あとは何を食べても太らない」と。

それで、見よう見まねで試したのが2014年です。

確かに効果はテキメンでした。ただし、終わってからも二度と太らないというのは私には当てはまらず、これは人それぞれの体質なのでしょう。

それよりも、体調や気持ちの変化が快感になりました。「また、やりたい」と思っていたところに、田中裕規《たなかゆうき》先生との出会いがありました。

田中先生はプロフェッショナルファスティングマイスター（1級断食指導者）として、6000人以上にファスティングのアドバイスをされています。

私も2度目のファスティングから、田中先生のご指導に添ってファスティングを続けています。

杏奈　いつもファスティングのご指導ありがとうございます！

田中先生　知り合ったきっかけは、私の奥さんが杏奈さんの料理ブログを見ていたこと。毎日すべて手づくりで、調味料や食材にもこだわっていてすごいよね、と。

杏奈　それでも私、消化機能が悪いみたいで、食べたぶん、お腹が出ちゃうんです。便秘だし、膨満感がすごくて、それで調子が悪くなったり。どうしようと思っていたときに、ファスティングに出会いました。

田中先生　最初のファスティングはどうでした？

杏奈　はまりました！　身体も楽になるし、目覚めの良さがすごかった。

田中先生　身体に合ったんですね。ファスティングが合う人って、普段の食生活がいい人なんですよ。杏奈さんはふだん食べているものの質がいいので、ファスティング中に、ちゃんとホルモンが働くんです。

杏奈　ふだんから添加物はなるべく避けますけど。でも私、もともと代謝が悪くて……。

田中先生　代謝がいいとか、筋肉を増やして代謝をよくするとか、年齢で代謝が落ちるなどとも言われていますが、代謝をよくするにはミトコンドリアと体内の多くのホルモンの働きがとても重要になります。

人間は基本的にホルモンに左右されています。ホルモンによって脂肪が燃えたり、女子力がアップしたり、肌が潤ったり、気分のアップダウンもある。ホ

Special Interview

with Yuki Tanaka

田中裕規氏とのSpecial対談

ルモンを生み出し、効率良く働かせるのに大きく影響するのが食事なんです。

杏奈 だからファスティングの前後の食事に気をつけるんですね。

田中先生 ふだん変なものを食べていて、いきなりデトックスしようと思っても、期待以上の結果につながりません。人によっては本来、2カ月くらい前から食事を調整しほうがいいのですが、せめてファスティング前の1、2日だけでも気をつけましょうと提案しています。

杏奈 先生も昔は不摂生だったと聞きましたけど。

田中先生 スーパー不摂生でした。人さまのことは言えないです。人の体は食べたもので作られていると言われても、ぜんぜん響かなかった。朝起きた僕の一言目が、疲れた、腰が痛い、でしたから。

杏奈 何を食べていたんですか?

田中先生 何でしょうね。JINRO、鏡月……

杏奈 お酒じゃないですか! 今も飲みますか?

田中先生 飲みます。飲みますけど、質を選びます。芋焼酎とか。

杏奈 それがなぜ、ファスティングの専門家になったのですか?

田中先生 知人が断食道場に行った話を聞いたんです。最高だったよって。実は、中学生くらいから断食には興味があったんですよね。

それで、やってみた。すると鼻炎がひどくて手術を考えていたほどだったのに、朝起きた瞬間から体調が違ったんです。

超不摂生な生活を送っていましたが、ファスティングによるものすごい爽快感を知って、そのインパクトがすごくて、いろいろ調べ始めたのがきっかけです。

杏奈 ファスティングをすると肌もきれいになりますね。

田中先生 なります。食べものは栄養になる反面、血を汚すんです。お肉も人間の体に必要ですが、未消化の分は腐って腐敗ガスを発生させ、腸から血管に入り血を汚す。

杏奈 怖いですね。

田中先生 汚れた血がきれいになるのに2、3日かかります。だからその間、食べない。きれいな血が、きれいな酸素ときれいな栄養素を運べる状態をつくる。それが断食、ファスティングです。

杏奈 だから肌もきれいになる。

田中先生 正確には、肌本来の潤いが戻るだけ。それが本当の自分です。

杏奈 まさにインナービューティですね！

杏奈 気持ちもハッピーになるのはどうしてですか？

Special Interview

with Yuki Tanaka

田中裕規氏とのSpecial対談

田中先生　それも血液です。血がきれいになると脳もクリアになる。汚れた血が脳にいくと、ちゃんとした思考回路が働かない。

杏奈　確かに、満腹だと頭が働かないですよね。

田中先生　それと、食べない間に腸がきれいになると、セロトニンというホルモンがつくられるんです。

杏奈　ハッピーホルモンですね！

田中先生　人間はすべてホルモンによって幸せを感じたり、不幸だと感じたりしますが、セロトニンが増える事で幸福感をいつも以上に感じるようになり、1日がハッピーになります。

杏奈　ファスティング中は目覚まし時計が鳴る前に目が覚めます。早朝から「よし、朝ごはん作ろう」と張り切って。イライラしないし、プラス思考になって、なんでも許せる。

田中先生　集中力も上がりませんか？

杏奈　はい。思考がクリアになります。

田中先生　クリエーターの方は発想力を得るためにファスティングしますから。
　腸と脳は何万本もの神経でつながっていて、腸から脳に指令がいき、それで脳が働くという理論があるほどです。腸は第2の脳といわれますが、僕に言わせれば第1の脳。腹が立つ、腹黒い、腹わたが煮えくり返る、腑に落ちる、腹心の友……ほら、心と腸はつながっているでしょう？

だから食べずに腸をきれいにするのが、まず大切になる。

杏奈 ファスティング中に先生からいただく携帯メッセージも役立てています。初日はこんなホルモンが出ていますよ、2日は脂肪代謝が上がります、3日目は血液がキレイになっています……と。

田中先生 体内の変化ですね。

杏奈 メッセージを受け取ると意識しやすくなります。私は2日目くらいに頭痛がありましたが、先生から「身体が変わっている証拠です」と。「今日は岩盤浴に行くと効果が上がりますよ」なんて教えていただくと、速攻で行きますよ。

田中先生 特に最初は不安やつらさを感じる方も多いので、細かくお伝えして、質問にお答えします。たいていの方が1日目を過ぎると自信を持てるようになります。だからこそ、スタート時点でつまずくともったいないと思うんです。

杏奈 私も質問魔で失礼しました。先生は必ず「楽しみましょう」と添えてくれますよね。

田中先生 人が食べているのを見て孤独になる方もいらっしゃるので少しでも支えになれば、と。

杏奈 私は人が食べているのを見るほうがやりやすいタイプ。いつもより家族のごは

Special Interview

with Yuki Tanaka

田中裕規氏とのSpecial対談

田中先生　んもいっぱいつくっちゃう。それだけで食べた気になるから。脳が満足するんですね。じつは空腹と食欲は別なんです。お腹がいっぱいでもデザートは食べられますよね。これは食欲。本来、脳にエネルギーがありさえすれば空腹は感じないんです。食欲は、それとは別の「欲」。この切り分けさえ知っていれば楽です。

杏奈　ファスティング中は料理の味見もしないです。

田中先生　おー、すごいですね。

杏奈　エクササイズやエステの効果も上がるのはなぜですか？

田中先生　身体に飢餓状態を与えることで、眠っていた機能を呼び戻すんです。細胞がいつもより活発に働いて、能力が高まる。人は限界を知って初めて、限界を超えられるじゃないですか。それと同じです。

杏奈　食べないということで、運気が上がると聞いて、とても興味深くなりました。

田中先生　仏教的な考え、殺生《せっしょう》ですね。仏教に限らず、昔から宗教や精神修行に断食を取り入れているところは多い。非科学的かもしれませんが、ファスティングをすることが、いろいろな引き寄せの体験に繋がったという話はよく聞きます。

杏奈　確かに、運気が上がる気がします。

田中先生　人の体は神様に借りている。きれいな体でいつか神様に返そう。そんな風に思

杏奈　う人には、神様もよくしてあげようという気になるんじゃないかな。

田中先生　少なくとも、プラス思考だと、周りにもそういう人が増えますよね。ファスティング中に顔つきが変わる人は多いですね。いい顔になっていく。身体のデトックスと心の浄化は、どこかで関係していると思いますよ。

田中先生　お子さんの食事などについても、考えが変わりましたか？

杏奈　子どもたちが、パンが大好きで毎日食べていたのですが、パンをお米に変えて、パンは時々食べるようにしたら、落ち着きが出てきました。少しだけグルテンフリーという感覚です。

田中先生　準備や回復期間の食事は子どもにもいいので、一緒に食べるときもあります。ミネラルたっぷりの和食ですからね。僕のおすすめは「ま・ご・は・や・さ・し・い・わ」。豆、ゴマとナッツ、発酵食品、野菜、魚、しいたけ、芋類、わかめや昆布です。
それから調味料。食材すべてにこだわるのは大変ですが、調味料ならそれほどコストはかかりませんから、なるべく自然なものをおすすめしています。質のいい油も大事ですね。

杏奈　先生は最高で何日くらいファスティング出来るんですか？

Special Interview

with Yuki Tanaka

田中裕規氏とのSpecial対談

田中先生　50日でも60日でも。でも2週間くらいがベストです。杏奈さんは？

杏奈　最高8日くらいです。4、5日で「顔がすっきりした」と驚かれます。市販の酵素ドリンク以外にも、野菜や果物でジュースをつくって飲んだりしています。

田中先生　企業秘密ですが、酵素ドリンクの要はマグネシウムなんです。手づくりジュースの場合は、にがりをちょっと入れるといいですよ。

杏奈　へー、やってみます。野菜やフルーツのおすすめはありますか。

田中先生　野菜は皮をむけるものが残留農薬の点から安心ですね。大根や、それから小松菜もいい。しょうが、シナモンなど抗酸化力の高いもので風味をつけたり。

杏奈　しょうがはおいしそう。大根はちょっとまずそうかな。

田中先生　まずい！　と思ったら、パイナップルを入れるといいですよ。必ずおいしくなる、神様みたいなフルーツです。

杏奈　ほかに、ファスティングについてアドバイスはありますか？

田中先生　やはり身近にいる経験者に聞くことですね。

杏奈　確かに。間違ったやり方をしたために効果が出なければもったいないです。

田中先生　一生付き合う体なので、大事に扱うか、雑に扱うかで、人生のスケールが変わります。どんなものでも雑に扱えばすぐボロボロになりますが、大事にすれば長持ちしますから。そのためにも食べもの、食べ方が大事なんですよね。

Love of my life

最愛の人

Chapter 03

Chapter 3 // Love of my life

Relationships.

ANNA的人間関係について

常に今がいちばんいい。

いつも今が最高に幸せ。

そう思って生きています。ですが、これは結婚してからの話。それまでは、どん底人生で、もがいても空回りばかりでした。


私は幼少期に、劇団に入っていました。ミュージカルのオーディションを受けたり、昼ドラに出たりして、すごく楽しかった。

オーディションに受かると劇団の入り口に名前が張り出されました。それが本当にうれしくって、歌やダンスのレッスンに励んでいました。

私の中では充実した子役時代。

ところが、父親の転勤で北海道に引っ越すことになりました。決まっていたミュージカルの役も辞退しなければならず、大ショック。夢が断たれたことが悲しくて、子どもながらに、すごく落ち込みました。

学校で友達をつくるのも難しかった。北海道の前にも、首都圏で何度も何度も転校して、そのたびにゼロからやり直しでした。そのたびにイジメられ、先輩にタバコの火を押しつけられたり、トイレの便器に顔を沈められたり、体育の授業が終わり教室へ戻ると、制服が切り刻まれていたこともありました。それでもなんとか、新しい環境になじもうと頑張るあまり、だんだん本当の自分を出せない子になってしまいました。
中学生になって再び東京に戻りました。モデルにスカウトされたのはその時です。「ギャル系」といわれる雑誌に出始めたのもこの頃。撮影に行くと同世代の子達ばかりで部活のようで、楽しい日々を過ごすことができました。

その流れでグラビアアイドルとして活動をはじめました。
でも、まったく売れなかった。

業界関係者の集まりに行っても、「何してる人?」といつも聞かれました。売れている人は世間で顔を知られているから、そんなことは聞かれません。でも私はいつもそう聞かれて、自分で「タレントです」と言うのが屈辱的で、本当にいやで、芸能の仕事をしていることを隠し「フリーターです」と答えていました。相手が自分を知らないのに「タレントです」と答えることは、とても恥ずかしいことだと思っていました。その頃から、自分の立ち位置をわきまえ、客観的に自分を見るようになったのだと思います。

主人に出会ったのはそんな時期。「フォー!」の大ブレイクで、テレビをつければどのチャンネルにも〝お笑い芸人・レイザーラモンHG〟が出ていました。

私には叶えられなかった夢を叶えている主人を、尊敬のまなざしでみていました。

芸人というと派手なイメージがありますが、主人は普通の家庭で育ったごく普通のまじめな人で、私がいままで会ったこともないような大らかな人柄で、とてつもなくいい人。

転校で人と距離をおくようになり、芸能界に入って自分を隠すようになった私が、なぜか主人には何でも話せました。この人には何を言っても大丈夫という安心感がありました。

私を不安にさせない唯一の存在。

出会いから8カ月で結婚を決めて芸能界を引退。22歳でしたが、迷いや仕事への未練は、一切ありませんでした。

本当の意味で人生に幸せを感じたのは、このときが初めてです。

転校のたびにイジメられ、やっとの思いでできた友達に嫌われてしまうかもしれないという不安と毎日戦っていました。人を信じることが出来ず、本当の自分を隠して過ごした日々。そんな私が、初めて信じることが出来たのが、主人。だから、すぐに結婚という道を選びました。

結婚から2年後に息子を出産。壮絶な私の出産に立ち会ってくれました。

「一生分の仕事をしてくれた」と、主人はいまでも言います。授乳期間中も必ず一緒に起きて哺乳瓶を洗ってくれました。「父親にもできることはあるから」と。

それから10年以上になりますが、ずっと家事も育児も分担してくれています。

主人が大怪我をして入院したのは、息子が1歳のときです。このときのことも、いまだに「恩がある」と主人は言います。大したことをしたつもりはないのですが……。

入院先は埼玉の病院でした。1年ほど入院生活が続きましたが、その間毎朝、息子を実家に預けて病院に通いました。

育児と看病と仕事。初めてのことばかりで、正直、どう時間をやりくりしていたのかよく覚えていません。目まぐるしかったけれど、私は苦ではありませんでした。

主人をクルマ椅子に乗せて外出もできたので、ふたりで病院近くの鰻屋さんに行ったり、漫画喫茶に行ったり。

付き合い始めてからずっと主人が忙しく、ゆっくりとデートをしたことがなかったので、純粋に二人の時間を楽しんでいました。


主人と息子の時間も増えました。怪我をする前、主人はほとんど仕事で家にいられなかったので、息子はパパに抱かれても大泣きでした。

でも、一緒にいる時間が増えて、自然になつくようになりました。なつかれるとうれしいので、主人ももっと面倒をみてくれます。そうやってだんだん子育てに参加してくれるようになりました。


また、私には、根底にこんなスタンスがあります。

「主人がいなければ、今の私は存在しない」。

何度もいいますが、私は売れないグラビアアイドルでした。それが、主人と結婚して、主人の知名度のおかげで、私も認知されるようになりました。"HGの嫁"ということで、どれほどの仕事をいただけたことか。主人の名前があるから、話を聞いてくれた人もたくさんいました。

何をやるにも、やりやすい環境に置いてくれたのは主人の名前のおかげです。

その感謝がずっとあります。だから、怪我をしたときに「私が支えた」と言われることには違和感があります。

自分が少しだけ稼いで家計を支えた事実があったとしても、もともとは主人なしではできなかったこと、と思っているからです。

すべて支え合い。

大怪我をし、入院しているとき、主人は隠れて泣いていました。仕事も出来ず、不安で押しつぶれそうになっていたのだと思います。

そんなとき、私まで不安がっていてはダメだと思ったので、「絶対なんとかなるよ！　大丈夫だよ」と笑顔でいい続けました。

そして、それが現実となりました。前にも言った「やりたいことを、とにかく声に出して言う」にもつながりますが、強く思うことは、言葉に出し、信じ続ける。そうすることで、叶っていくのだと思います。

結婚して、気づいたら10年以上、という感じです。ふたりの関係はずっと変わらず穏やかなまま。そのために私が心がけていること。

■ハッピーホルモンのところでふれた、プチときめきを実践していく。自分がときめくために、主人にも素敵でいてもらいます。相手が素敵でいてくれたほうが、自分も素敵でいようとモチベーションが上がります。

■ためずになんでも、思ったことはその場で言う。我慢するから爆発しちゃう。

そして、最も大切にしているのは

■主人のやりたいことは絶対に反対しない、ということ。どんなに突拍子もないことを言ったとしても必ず応援します。

ベストボディ・ジャパンという肉体美を競う大会に出場したいといったときは、美しい筋肉をつくるためのメニューを、主人だけ別メニューで3食用意したり、ファッション誌のような写真集を出したい、と言ったときも、次の日には、出版社へ話をしに行きました。

主人の仕事も、私のビジネスも、浮き沈みのある世界です。何が幸いして、何が凶となるかはわかりません。

だから、何事も挑戦していってほしいのです。

お金があってもなくても、心のハッピー度は同じ。

私は世間的にどう思われているかわかりませんが、お金がない生活も嫌じゃないんです。ない状態が当たり前で、家賃と子どもの学費が払えれば、あとは、最低限でいいと思っています。

我が家では、主人と私のギャラの振り込み口座を同じにしていて、どちらがいくらかということは、あまり気にしていません。

あるとき主人が「俺の給料がいくらでも、何も言ったことないよね？」と言ったことがありました。確かに「今月の給料、イマイチだった！」と言われても「あ、そうなんだ」でおしまい。「今月の給料はスゴイよ!!」と言われても「あ、そうなんだ」と、やっぱり同じ（笑）。

あるとき、「私の好きなところはどこ？」と、主人に聞いたことがあり答えは「お金に執着心のないところ」でした。

主人がそれに気がついていたとは!!

そういうタイプだとわかっていてくれたことが、素直にうれしかった。

お金があると幸せで、ないと不幸と考える人もいると思いますが、私の場合、ハッピーの基準はそこではありません。

お金はちょっとした彩りです。収入がいい月は、いつもよりちょっといいものを買ったり、おいしいものを食べに行けたり。お金のある状態は、ボーナスをもらった時のようなもの。なくても生活できるし、それはそれで幸せです。

自分自身の仕事が好調な時は、ご褒美として好きなものも買います。でも、自分が稼いでいないときは贅沢したいとは思いません。

専業主婦で養ってもらっていた時期は、ちょっと負い目を感じたりもして、欲しいものを欲しいと言えずにいました。

けれど、働いて自分のお金ができると、誰にも気を使わず、自分に投資できます。美容でも新しいバッグでも、好きなことに気兼ねなくお金が使えるということは、とても大切なことだと感じました。

主人が怪我で働いていないとき、私の仕事がなんとか軌道に乗ったので、ふさぎがちな主人の気分を変えようと思って、言ってみました。「気分転換に好きな服をいっぱい買ってきたら?」と。帰宅した主人の手には、靴下2足しかありませんでした。

「いつかまた自分が稼げるようになったら、欲しいものを買うからいいや」と……。

そういうところが主人の素敵なところ。


自分にお金を使うことは少し戸惑いますが、人にはむしろお金を使いたい。

仕事でも、人を紹介してくれたり、間接的にでも協力してくれた人には必ず何かしらのお礼を贈ります。その人がいなければ、この仕事につながっていないということは、深く考えたります。筋をきちんと通せる大人でいたいと強く思います。


数年前に、仕事の関係で3000万円未払いされたことがありました。裁判をすれば100パーセント私が勝てると弁護士さんに言われましたが、そのために何年も煩わされるのは耐えられませんでした。そのことを1分でも考えている自分がいやだった。

だから、お金は諦め、その会社とは、きっぱり縁を切ったのです。

そうしたら不思議なことに、別なところからもっといい仕事が回ってくるようになりました。

関係を清算して、お金も諦めたら、もっと稼げるようになった。

いらないものを捨てれば運気が上がる、これは本当だと確信しました。

人との関係性はリセットも必要。

信頼した自分が悪かった。失ったお金も人間関係も、その勉強料だと割り切りました。あれこれ考えず、とりあえず忘れる。失ったものより、そのことに使うパワーが無駄だから。結果的にそれがよかったのだと思います。

お金や人間関係に縛られると、うまくものごとが運ばなくなるときがあります。そういうきは一度リセットするに限ります。言葉は悪いかもしれませんが、疫病神のような人は存在しますから。

基本的に何ごとにも執着がなくなってしまったのかもしれません。お金にも人間関係にも。仕事も一度失敗したら、そこには執着しません。

もちろん昔はすごく執着心がありました。変わったのは、やはり実績ができて自信がついたから。

働けばなんとかなる。失敗しても、またいちからやり直せばいいと思っています。

何かを失っても、また逆転できる、と。

特に人間関係については、うまくやろうとすら思っていません。極端な言い方をすると、家族以外の絆はなくてもいい。それくらい割り切るようになってから、かえって人との付き合い方が上手になりました。

以前の私は人に対して、依存しすぎるところがありました。八方美人で、誰からも好かれたい。友達いっぱいいないと不安！　あらゆる人にいい顔をするぶん、相手にも期待しすぎて、それに疲れてしまっていました。

今は誰に対してもマイナスから入るようにしています。相手に何も期待しない。プラスから入ると、ちょっといやなことがあるだけでポイントが減る一方です。でも、マイナスから入れば、ポイントは増えるしかない。ささいなことがうれしいと感じられます。

何ごとに対しても、ポイント加算式。

そのほうがハッピーな気分でいられます。
嫌われたらイヤだな、この人がいなくなったらどうしよう、とはもう思いません。

関係がなくなってもいい。

そうマインドを変えるだけで、スーッと気持ちが楽でいられることに気づきました。

そして、人間関係について言うならば、

「あの人、性格が悪い」と感じたら、それは自分のせいなのです。その人の性格が悪いのではなく、その人の私に対する態度が悪いだけ。私がとるに足らない人間だから、邪険にされるのです。

いざ自分が尊敬される立場になれば、その人は私のことをちゃんと扱ってくれるでしょう。

結局、自分の立ち位置の問題なのです。適当に扱われたから「あの人、性格悪いよねーー」ではないんです。見下されている間は、相手のことをあれこれ言う資格はない。

尊敬されなくてもいいのですが、見下されるような人にならなければいいだけです。


主人は儀礼的な付き合いを一切しない人です。

お酒もあまり飲めないし、「付き合いだから」と人に合わせることもない。私も「それで仕事が決まることはないから」という考えなので、そこも主人と合う部分。

お付き合いに関して私は「呼ばれる人ではなく、呼ぶ人になれるように頑張ろう！」。そう思っています。

主人は、時々、後輩の方々を家に招き、ホームパーティーをします。そのときは気合いを入れて食事を振る舞います。

どんなに仕事が立てこんでいても、そういうことに使う時間は惜しくありません。

私は、忙しぶる人が嫌いです。

常に暇だと思われたい。常に暇だけど、充実している人生でいたいのです。

主人と付き合っていたとき、主人は大阪と東京を行き来する生活で、新幹線も飛行機も間に合わないときは、ヘリコプターで移動するほどの過密スケジュールでした。

それでも、寝る時間を割き、毎日私に会いに来てくれていました。

こんなに多忙な人でも、時間が作れるのだから、私程度の人間が忙しいといっては恥ずかしいと、このとき感じました。

今でも、どんなにバタバタしても「忙しい」という言葉は使わないようにしています。

自分が一番幸せ。

幸せの度合いは、自分で勝手に決められる唯一のこと。

芸能界の仕事は常に、視聴率や人気ランキング、フォロワー数やアクセス数など、シビアな評価にさらされます。会社勤めでも、成績がでたり、売り上げで評価されたり、ということがあるかと思います。そういうジレンマが、人をうらやむ気持ちとか、妬みとか、マイナスオーラを出してしまう原因になりがちです。

私は、どんなに落ち込んでいるときも、自分がいちばん幸せなんだと思うことで救われてきました。ほかの人にもやさしくできます。そう思うようにすると、不思議なことに、本当に幸せが近寄ってきます。

それから、つらいときは「自分の居場所はここだけじゃない」と言い聞かせていました。友達、恋愛、仕事、人間関係、すべてにおいて。

幼少期でくり返した転校で学んだように、その場所に居場所がなくっても別の世界があると思えば、視野が広がります。何ごとも真剣にはやりますが、最終的には「ま、ここだけじゃないし」と割り切った部分を残しておくと、自分自身も周りに対しても客観視できます。それが好転のきっかけになったりします。そもそも、せっぱつまっている人より、余裕がある人のほうが美しいと思うのです。

どん底だった自分のことさえ肯定できるようになれたのも、仕事で自分に自信がついたのも、すべて家族の支えがあったからです。

私がお伝えできるのは私自身の経験だけですが、あなたがいま、どんな状況にいるとしても、必ず一発逆転はあります。

あとで振り返れば、つらい時期のことも、きっと肯定できます。それどころか、つらさや痛みが、逆転の武器になったりするものです。

すでに幸せをつかんでいるとしたら、それを当たり前と思わずに、感謝の気持ちをを持ち続けること。そうすればずっとハッピーでいられるはずです。

私もまだまだこれからです。

また大ピンチが訪れたりするかもしれません。

けれど、もう怖くはありません。

絶対に一発逆転できる。何度でも逆転はできる!!

My favorite things

Anna's A to Z

お気に入りSHOPや、愛用アイテム、
インスタグラムで募集した質問への回答など、
ANNAの全てを詰めこんでみました。

Accessary
アクセサリー

ピアスは、大ぶりなものが好き♡友人が作っているものだったり、H&Mなどで買うプチプラのものだったり……。楽天で買ったピアススタンドにまとめています。時計は何かを成し遂げたとき、自分へのご褒美に。

Bag
バッグ

働き出してから買えるようになった、ハイブランドのバッグ。コーディネートの差し色になるようなカラフルなものが好きです。昔は荷物が多く、大きなバッグが必要でしたが、年を重ねるごとに荷物が減っていき、購入するバッグが小さくなってきているように思います。

Cooking

お料理

私ひとりなら、食事はゴハンに梅干しでOK♡
ただ、食べてくれる家族がいるから、美味しく栄養のある食事を心がけています。

お気に入りの調味料

01

02
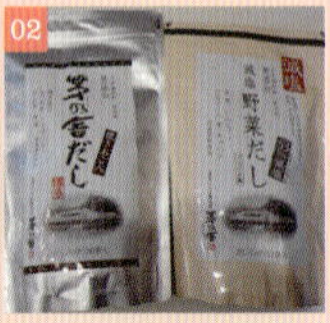

03

04

01_「マキシマム」は宮崎の調味料。塩胡椒の代わりに。 02_出汁は「茅乃舎」に限ります！出汁は、イチから取りたいと思うのですが、なかなか時間がかかるので、こちらで美味しく時短をしています。 03_最近気に入っている「トリュフ塩＆トリュフオイル」。お肉やオムレツにひと振りで、レストランの味に。 04_時間のないとき、「とむらのタレ」に助けてもらっています。肉や野菜をこのタレで炒めるだけで、子どもの好きな甘めの味付けに。とても重宝しています。

コールドプレスジュースは、「good juice」がお気に入り。ビン入りで見た目が可愛くて、何より味が美味しいです。

行きつけのSHOPはココ！

「good juice」
渋谷区神南 1-4-10 AHKAH village
☎ 03-5784-0535　www.goodjuice.jp

Drink
ドリンク

冷たい飲み物が大好きで、冬でもアイスを頼んじゃう（笑）。コーヒーショップではアイスハニーラテを頼むことが多いです。コンビニのアイスラテも好きです。野菜不足を感じたときには、コールドプレスジュースを飲むようにしています。

写真右：便秘解消のため、数種類を自分でブレンドしたデトックスティをつくっています。鍋で大量につくり、プラスティックボトルに入れ、冷蔵庫で冷やして飲みます。ブレンドに使うお茶は「ボンボワール」や「美甘麗茶」。
写真左：毎日持ち歩いているのは「ナノ水素水 キヨラビ」。

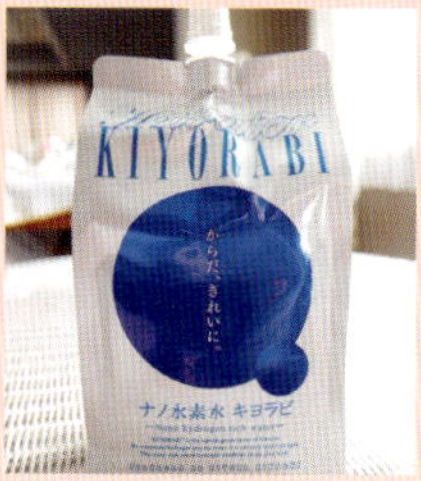

Eyebrows
まゆ毛

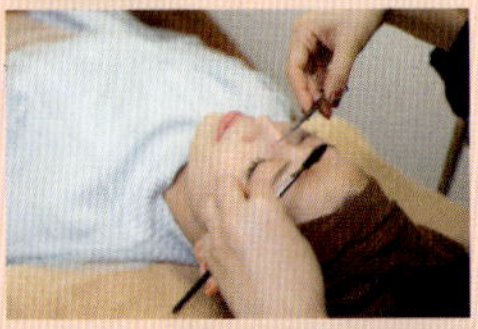

まゆ毛は定期的に、「BONITO」というまゆ毛サロンで整えてもらっています。オーナーの高野先生との出会いで、まゆ毛の大切さを知りました。以前はつり上がりまゆだったのですが、今は平行まゆに変えてもらい、とっても気に入っています。

行きつけのサロンはココ！

「BONITO」
渋谷区道玄坂 1-19-12 並木ビル 4F
☎ 03-6416-5326
http://www.salon-bonito.com

Fashion
ファッション

ふだんの洋服は、プチプラのものが多いです。子どもと公園に行って汚れても気にならないし、最近のプチプラ服は、生地もしっかりしていて、クオリティーも◎！洋服にはお金をかけず、靴やバッグの小物でちょっと贅沢するMIXコーデがお気に入り♡

これだけでも、
けっこうキツイ……

何事も、効率的で時短なものが好き。もちろん、ジムも同じで、通常のマシーンでの運動よりも、加圧トレーニングは３倍の効果があると聞き、大切な撮影の前などは、加圧トレーニングに通ってます。

Gym
ジム

シルクサスペンションは私のトレーニングの定番!!　かなりハマっています。加圧トレーニングの後は、エステに行き、リンパを流してもらい、むくみをとってもらいます。

行きつけのジムはココ！

「Studio Body Design 麻布」
港区麻布十番 1-5-18 カートブラン麻布十番 6F
☎ 03-3470-8111　http://www.body-d.com/

「バイオプログラミング」のドライヤー「ヘアビューザーエクセレミアム２」と「ヘアビューロン」を愛用。Biople by CosmeKitchen（webstore）で購入しました。

「RICH ADDICT」のシャンプーとトリートメントは、ずっとリピート買いしています。

Haircare
ヘアケア

以前は明るめのカラーリングだけでしたが、最近思い切って全頭ブリーチをしました。ピンクやブルー系など、いろんなカラーで楽しんでいます。傷みやすい状態なので、自宅のケアはダメージを作らないドライヤーやシャンプー、コンディショナー、ヘア用美容系でケアしています。

行きつけのサロンはココ！

「free'ra」
渋谷区神宮前 4-14-5 cabina 表参道 B1F
☎ 03-6447-1081

Interior
インテリア

自宅のインテリアは、メンズライクなヴィンテージMIXをテーマにしています。壁は、数種類のペンキを混ぜ合わせ、オリジナルの色をつくり、塗りました。

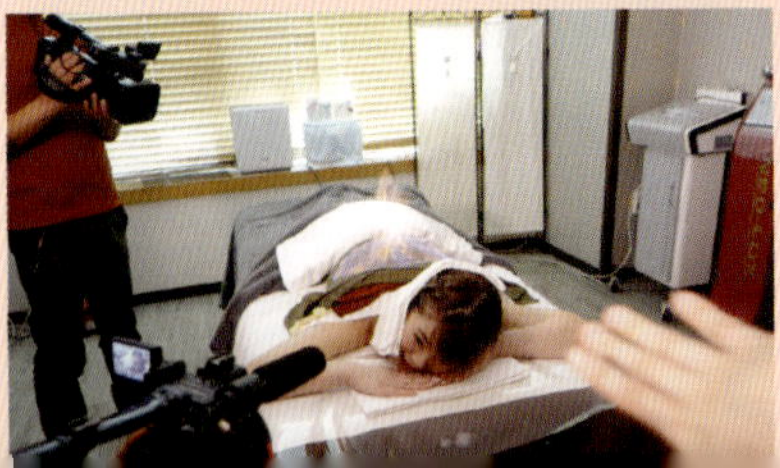

Job
お仕事

プロデュース業の他にも、バラエティー番組への出演をはじめ、モデルとしてのお仕事、トークショーや講演会への出演など、いろいろな種類のお仕事をいただき、充実した日々を過ごしています。

Kaban no nakami

カバンの中身

つい最近までは、ピンクが大好きだったのですが、今は青の気分。①財布はエルメスのベアンを使用。ターコイズブルーにひとめぼれ♡ ②いつも持ち歩いている「エスチューブ」。どこでもストレッチが可能。③エルメスのポーチは友だちがプレゼントしてくれたもの。④代官山にある「石の雫」の空気を浄化するスプレー。⑤韓国コスメの「バニラコ」の保湿スティックは、乾燥が気になるところにオンできる優れもの。⑥「レアラニ」のアイライナー。⑦リップフォンデュ。⑧「ランコム」のジューシーシェイカー。⑨⑩⑪ Biople by CosmeKitchen で買った「ルブス」のバーと「PACARI」のチョコレート。小腹が空いたときに。⑫私の必需品、除菌おしぼり。⑬ハワイのお土産にいただいたシミ取りスティック。⑭「石の雫」で購入したローズクォーツのツボ押し。

Love

♡

私の宝物♡

for eyes & eyebrows

視力が悪いので、コンタクトなしではいられません。長年愛用しているカラコンが「loveil のミッドナイトアンバー」。まゆ毛は、下の方だけ書いて、まゆマスカラを。アイラインはずぼらなので、目尻だけ。

for base

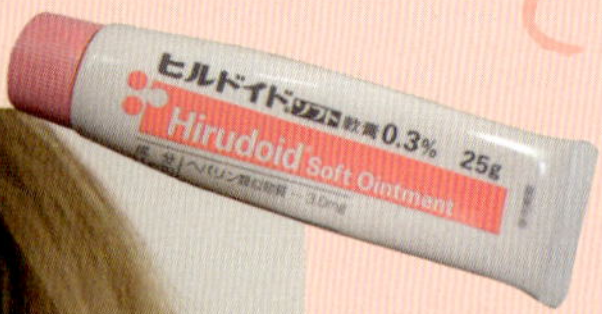

皮膚科で処方されるヒルドイドは、乾燥を防ぎツヤをくれるので、ファンデは使わず、外出時に乾燥が気になった時は、これ1本で保湿しています。

for cheeks

Biople by CosmeKitchen で買った「rms beauty」のリップチーク。唇にもリップにも使えるクリームタイプで、オーガニックなのもうれしい。

Make-up
メイクアップ

for lips

昔から、口紅やグロスを集めるのが好きでした。新色がでると、つい買ってしまいます。最後まで使い切ったことがなく……（反省）。

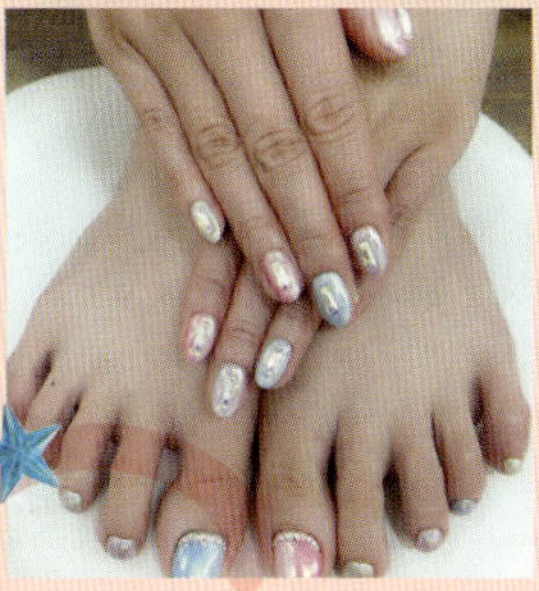

Nail
ネイル

３週間に一度のペースで、ネイルサロンに通っています。以前は派手なデザインが大好きだったのですが、年々シンプルを選ぶようになってきています。

行きつけのネイルサロンはココ！

「es ネイル渋谷本店」
渋谷区宇田川町 28-3 A2 ビル 6F
☎ 03-5766-7780
https://es-nail.jp

Osechi
おせち

結婚してから、毎年恒例となっているおせち料理作り。いまや、これを作らないと、年が越せない！というくらいの気持ちになっています。

Pokemon GO
ポケモンゴー

女性芸能人初のコンプリートということで、
ニュースなどにも取り上げていただきました。

Q & A　インスタで公募した質問に、お答えします！

Q. 杏奈さんは子育てをしてる中で、いちばん大切にしてることは何ですか？（ペンネーム・tell039）

A. ダメなことはダメとハッキリいい、甘やかさない。ダメな理由をキチンと説明する。ダメなことをしたら、こういうことが起きるかもしれないという想定の話もし、納得するまで話す。子どもがきちんと理解したと感じたら終わります！　それが毎日毎日繰り返されています！

Q. ぱんちゃんの鍛え抜かれたカラダのどこの部分が好きですか？
（ペンネーム・ハロウィンはレイザーラモン HG のコスプレやらせてもらってます）

A. 腸腰筋！

Q. パンちゃんと結婚を決意したキッカケが知りたいです。（ペンネーム・m_i_i_i_n_s_t_a_g_r_a_mMii）

A. 若かったですが、自分の見る目だけは信じていたので、出会った頃から、迷わずにこの人と結婚するんだなって強く思いました。

Q. 子育て、家事、仕事を両立するために心がけている、実行していることはなんですか？
（ペンネーム・meg）

A. 役割分担。すべてを自分 1 人でやらないと！と抱え込んで、結果どれも中途半端に終わるのが嫌なので、夫婦で役割を決めて、自分の役割はしっかりとやる！という制度をとっています！　うまいこと息抜きも忘れずに。すべてを 1 人で完璧にしようと思わないこと。

Q. 子供たちが成長し、手が離れたら何をしたいですか？そして、その時のために今していることはありますか？
（ペンネーム・akiyama_natsumi）

A. 仕事もせずに田舎に暮らしたいです（笑）。いま田舎に土地を探しています（笑）。

Q. 美容オタクの杏奈さんが、これだけは絶対外せないというアイテムはなんですか？
（ペンネーム・meromam）

A. 皮膚科で処方されるヒルドイド。大人も子どももヒルドイドは欠かせません。

Q. いつも、彩り綺麗で美味しそう〜食べたい〜って思いながら見ています。毎日ごはんつくるとき、どうやってメニューを決めてますか？食材はまとめ買い派？毎日買う派？（ペンネーム・193）

A. スーパーへ行き、まず万能に使える野菜を 6 日分くらいたくさん買います。それに合わせた肉・魚類を 3 日分くらい買います！　まとめ買い派です！　メニューは子どものリクエストが多いかな〜。メインのお肉料理や魚料理を先に決めて、副菜は冷蔵庫の中身と相談します！　料理本やアプリを参考にする時もあります！

Q この年代になったらこんな服装したいとかありますか？（ペンネーム・くみ）

A.50 代になったら、スカーフを巻くなど、スカーフで遊んでみたいです♡

Q. 旦那さんのどこが一番好きですか？　結婚してさらに好きになったところはあります？
（ペンネーム・すうちゃん）

A. 柔軟性があるところと、大人なところです。主人は悪くなくて、私が 1 人でぷりぷり怒って当たってしまうときも、ごめんね！と言ってくれます！　私の取扱説明書をもう完璧マスターしています！（笑）

Q. あんなさんが何か新しいことを始めるときの勇気はどこから湧いて来るんですか？ 直感主義ですがなかなかふみだせません。（ペンネーム・かなみ）

A. 何も始めないで後悔するなら、何かを始めて失敗した方がいい。それに使うお金は勉強代だと思っています！専門学校に行く学費のような気持ち。失敗しても絶対得るものの方が大きいから♡ 大事なのは誰かのせいにしないこと。何かを始めて成功する事はラッキー！ボーナスだ！くらいに考えています！

Q. 人生最後の日に食べたいものは何ですか？ (私は母の作った漬け物と玉子焼を刻んで混ぜたおにぎりです)
（ペンネーム・きゃまだりえ）

A. ジンギスカン、パクチー、もつ鍋、しゃぶしゃぶ、チーズケーキ、アイス……選べません。

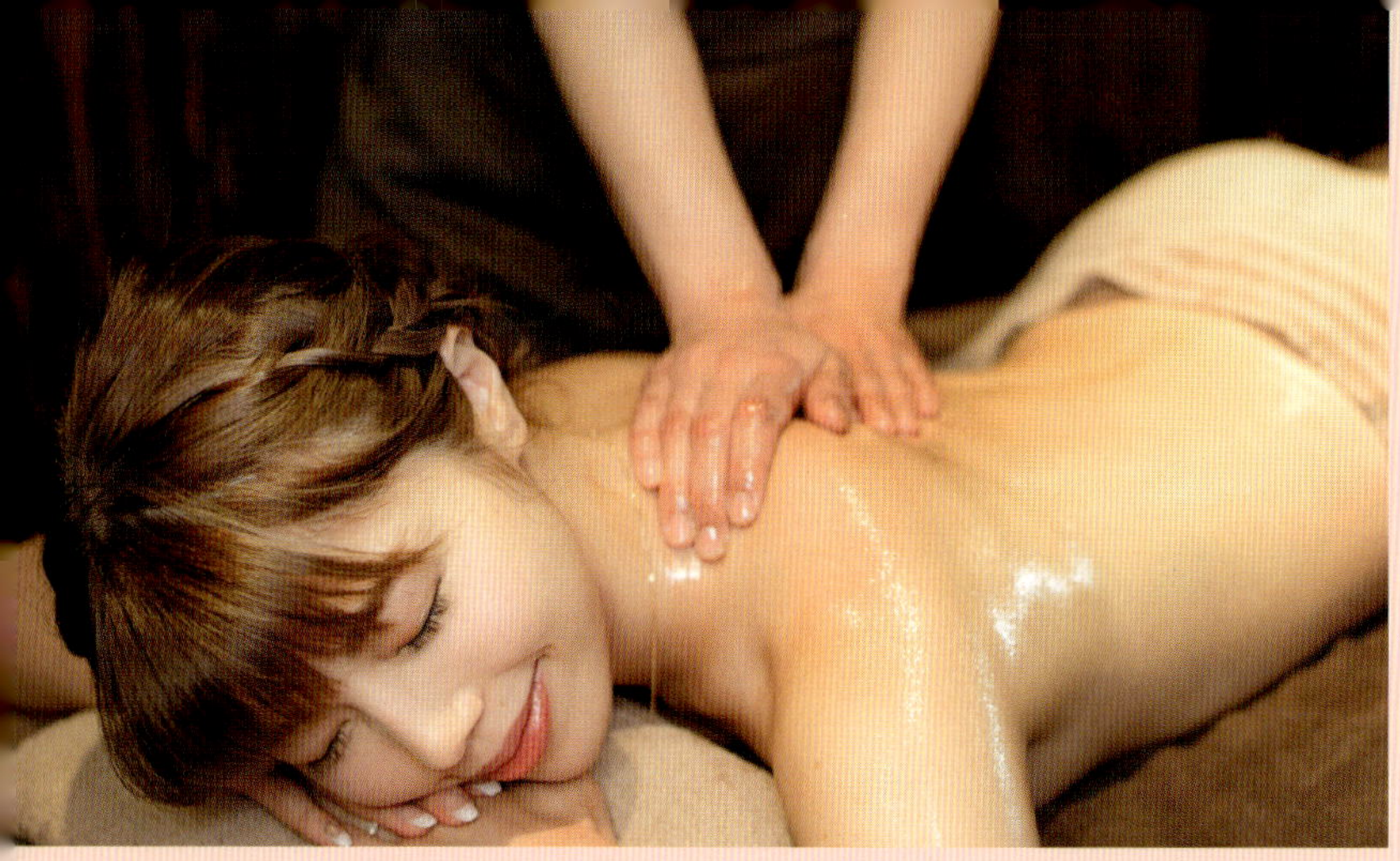

疲れは、体調やお肌にいろいろと影響がでてきますので、疲れが溜まったと感じたときに、駆け込むのが癒やしのアロママッサージ。「Naturax」では、好きな香りのアロマオイルを選ぶことが出来るので、その日の気分に合わせた香りを選びます。とてもリラックス出来、至福の時間〜♡

Rescue
駆け込み場所

01

02

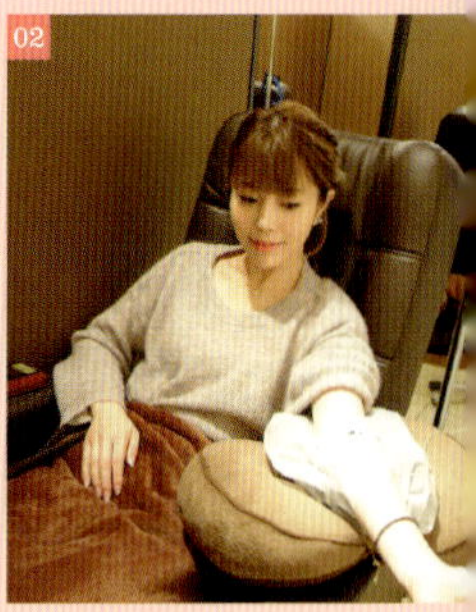

01_ 肌があれているときの救世主となっているのが「渋谷の森クリニック」のローション。クリニックへピーリングへ行くときもあります。 02_「渋谷 DS クリニック」で高濃度ビタミン点滴を受けています。美容のためはもちろんですが、体調管理にも、とても役に立っています。

行きつけはココ！

「Naturax 恵比寿店」
渋谷区恵比寿西 1-14-1 2F ☎ 03-5428-3878
http://www.naturax-ebisu.com

「渋谷の森クリニック」
渋谷区神宮前 6-18-1 クレインズパーク 4F
0120-612-777 http://shibuyamori.com

「渋谷 DS クリニック」
渋谷区渋谷 3-11-2 パインビル 1F
0120-951-135 https://dsclinic.jp

Sweets&Snacks

スイーツとスナック

お気に入りのカフェのスイーツから、コンビニで買えるスナックまで、お気に入りはたくさんあります。恵比寿アトレ内にある「ジェラート ピケ カフェ クレープリー」の生地が最高に好き。シュガー＆バターのクレープがお気に入りです。あと、ココナツサブレアイスも１箱食べてしまうほどの大好物。梅しそ味の柿ピーが好きなのですが“ピー”には興味がないので、柿の種のみを買います♡　また、ポップコーンにトリュフ塩をかけて食べるのが、最近のブーム。

Table Coadinate

テーブルコーディネート

最近、テーブルコーディネートがとても楽しくなり、テーブルウエアを集めています。ZARA HOME がお気に入りで、よくお買い物に行っています。

Underwear

アンダーウェア

アンダーウエアは、たくさん持っています♡　でも、結局よく使うのは、シンプルで楽ちんなブラトップ系ばかりになってしまいます……（涙）。古い下着がタンスに入っていると、運気が下がると聞いたので、毎年年末には下着を一掃。思い切って捨てて新しいものに、切り替えています。

行きつけSHOPはココ！

「LAYER VINTAGE」
渋谷区代官山町16-1 カスティヨ代官山401
☎ 03-6416-5698
http://brand-japon.shop-pro.jp

Vintage

ヴィンテージ

ヴィンテージのシャネルが好きで集めています。代官山にある「LAYER VINTAGE」というヴィンテージショップへよく行きます。

Wash
お洗濯

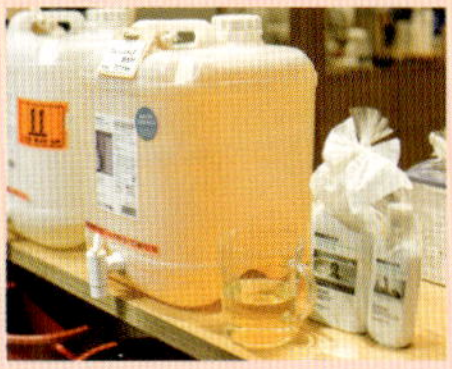

香りものが好きな私は、いろいろな柔軟剤を試しています。

ニュージーランドのブランド・エコストアでは、洗剤の量り売りをしていて、よく買いに行きます。安心の原材料というのが、魅力的です。

お気に入りSHOPはココ！

「エコストア アトレ恵比寿」
渋谷区恵比寿1-6-1 アトレ恵比寿西館2F
☎ 03-5475-8650
http://ecostore.jp/

X-JAPAN

小学4年生のときに初めて「ENDLESS RAIN」を聴き、衝撃が走りました。解散するまで、ライブは欠かさず行っていました。ライブグッズやCD、ビデオ、写真集などは、すべて持っています。

Yasai

野菜

実は、野菜が苦手で食べられなかったのですが、美味しい野菜なら食べられるようになりました。「コスメキッチン アダプテーション」の野菜は、ナチュラルで新鮮！　好きなものを好きなだけ食べられるビュッフェスタイルというのも魅力です。ファスティング明けなどに行くお店です。

お気に入りSHOPはココ！

「コスメキッチン アダプテーション」

渋谷区恵比寿 1-6-1 アトレ恵比寿西館 2F

☎ 03-5475-8576

http://ck-adaptation.com

Zzz...
すいみん

美肌を目指すなら、睡眠がとても大切。私はストレートネックで、なかなか合う枕がみつからなかったのですが、最近、整体の先生に教えてもらったビーズ入り手作り枕のおかげで、よりよい睡眠がとれるようになりました。パジャマは、同じ事務所の西川瑞希ちゃんがデザインした「Cherie Mona」というブランドのもの♡　可愛いデザインで、何枚も持っています。

安眠グッズ！

安眠をサポートしてくれる「sleepdays」のマルチウォーマーとドリンク。Biople by CosmeKitchen で購入しました。マルチウォーマーは首やお腹に巻いて使っています。ドリンクはお風呂の前と後に1本ずつ飲みます。

ノンカフェイン

「DESTINATION」のインスタントのオーガニックコーヒーはデカフェなので、寝る前でもOK。Biople by CosmeKitchen で売っています。

衣装協力／Cherie Mona

KODAK CM 400 5079

そもそも、結婚するまで、
私の人生はずっとどん底でした。
でも、今はとても幸せ♡
誰もがみんな、一発逆転出来るチャンスを
持っていると信じています。
住谷杏奈

住谷 杏奈
すみたに・あんな

タレント／実業家

2006年、レイザーラモンHGと結婚。現在二児の母。タレントとしてTV、雑誌などで活躍しながら、自信のコスメブランドをプロデュースし、数々のヒット商品を生み出す実業家としての一面もある。

Blog
http://lineblog.me/annasumitani/

Instagram
@ANNASUMITANI

Staff

Photograph	永谷 知也（will creative / Cover, P2-5, P34-45, P48-49, P57-59, P61, P76, P106-107, P114, P120, P123-126）
	杉本 晴（ P64-71, P109-111, P115, P118-119, P121-122）
Styling	井戸川 弓子（LORIMER+ / Cover, P2-5, P34-45, P48-49, P76, P107, P114, P120, P124-126）
Hair & Make	田中 陽子（roraima / Cover, P2-5, P34-45, P48-49, P76, P107, P114, P120, P123-126）
	AYAKA（ P64-71, P109-111, P115, P118-119, P121-122）
Art Direction & Design	恩田 綾
Design	加藤 藍子 鉢呂 絵里（Sougeisha）
Writing	深谷 恵美
Management	大類 朋子（エイベックス）
Edit	いずむ 彩 打矢 麻理子（Sougeisha）
Special Thanks	Biople by CosmeKitchen ☎ 03-5774-5565 http://biople.jp/ Celvoke ☎ 03-5774-5565 http://celvoke.com/ JUICERY by Cosme Kitchen ☎ 03-5428-2733 http://juicery.jp/

ANNA論《アンナロン》

2017年4月17日　初版第一刷発行

著者　住谷杏奈
発行人　打矢麻理子
発行所　株式会社 創藝社
〒162-0825　東京都新宿区神楽坂6-46　ローベル神楽坂10階
TEL 03-4500-2406 / FAX 03-4243-3760
http://sougeisha.com/

印刷・製本所　原印刷株式会社

ISBN978-4-88144-228-9　C0095